Sangue, suor e lágrimas

o DNA da Igreja vencedora

Robson Rodovalho

Editora Quatro Ventos
Avenida Pirajussara, 5171
(11) 99232-4832

Diretor executivo: Raphael T. L. Koga
Editora-chefe: Marcella Passos
Gestora de Projetos: Acsa Q. Gomes

Editora responsável:
Hanna Pedroza

Editores:
Carolyne Larrúbia D. Lomba
Felipe Gomes

Estagiária editorial:
Rebeca Rocha

Revisora: Gisele Romão

Equipe de Projetos:
Melissa F. Aquile
Tamires C. de Assis
Witalo Silva

Coordenação do projeto gráfico: Suzy Mendes
Diagramação: Suzy Mendes
Capa: Vinícius Lira

Todos os direitos deste livro são reservados pela Editora Quatro Ventos.

Proibida a reprodução por quaisquer meios, salvo em breves citações, com indicação da fonte.

Todas as citações bíblicas e de terceiros foram adaptadas segundo o Acordo Ortográfico da Língua Portuguesa, assinado em 1990, em vigor desde janeiro de 2009.

Todo o conteúdo aqui publicado é de inteira responsabilidade do autor.

Todas as citações bíblicas foram extraídas da Nova Almeida Atualizada, salvo indicação em contrário.

Citações extraídas do site *https://bibliaonline.com.br/naa*. Acesso em agosto de 2023.

1ª Edição: setembro 2023

Catalogação na publicação
Elaborada por Bibliotecária Janaina Ramos – CRB-8/9166

R695s

Rodovalho, Robson

Sangue, suor e lágrimas: o DNA da Igreja vencedora / Robson Rodovalho. – São Paulo: Quatro Ventos, 2023.

272 p.; 15,5 X 20,3 cm
  ISBN 978-65-89806-70-7

1. Igreja. 2. Bíblia. 3. Teologia. 4. Princípios. I. Rodovalho, Robson. II. Título.

CDD 262

Índice para catálogo sistemático

I. Igreja

🌐 editora4ventos.com.br
📷 @editora4ventos
ⓕ editora4ventos

LEVANDO NOSSA mensagem AOS 4 CANTOS DA TERRA

Obrigado por adquirir nossos livros, ficamos muito felizes em ter você conosco!

Acesse agora:
www.editora4ventos.com.br

E adquira **25% de desconto** em todo o site e **frete grátis** com o cupom:

MELHORCOMPRA4V

Sumário

Apresentação..9

Prefácio...13

Introdução..17

Parte 1

1. O mover de Deus na América Latina.................................23

2. A minha experiência...43

3. Avivamentos que preservaram
   a essência da verdadeira fé..55

Parte 2

4. As emanações de Deus e a essência do cristianismo............77

5. Os primeiros passos da Igreja..103

Parte 3

6. Tempos difíceis para a Igreja Primitiva...........................127

7. O pensamento cristão..157

8. As Escrituras...173

Parte 4

9. Governo e cristianismo 193

10. O protestantismo e a veracidade das Escrituras 207

Parte 5

11. A Igreja do século XXI 231

12. Desafios de hoje 243

13. A geração que vai mudar o mundo 251

Referências bibliográficas 257

Dedicatória

À minha amada esposa, Bispa Lúcia, com quem trilho esse caminho de fé e serviço ao Senhor há mais de 40 anos. Seu amor, apoio e companheirismo são fundamentais em minha jornada.

Aos meus filhos e netos, maiores bênçãos da minha vida.

Aos pastores e líderes que estão nessa caminhada em busca de avivamento e de uma Igreja viva e relevante. Que esta leitura sirva de inspiração para que sigam vivendo na presença e nos propósitos de Deus.

Que esta obra seja um instrumento do Senhor para edificar e capacitar ainda mais homens e mulheres, de modo que, unidos, possamos cumprir o chamado de transformar vidas e comunidades pelo poder do Evangelho de Cristo.

Com carinho e gratidão,
BISPO ROBSON RODOVALHO

Apresentação

Em seu famoso discurso mobilizador contra as forças nazifascistas na Segunda Guerra Mundial, pronunciado em 13 de maio de 1940, o líder britânico Winston Churchill afirmou que não tinha nada a oferecer além de "sangue, trabalho, lágrimas e suor". Em 1897, nos Estados Unidos, Theodore Roosevelt fez afirmações semelhantes ao assumir o cargo de Secretário da Marinha: "a nação triunfou no passado por causa de sangue e suor e lágrimas". Em 1849, Giuseppe Garibaldi, o revolucionário italiano, afirmou algo parecido para suas tropas acuadas: "ofereço fome, sede, marchas, batalhas e morte". Em 1611, no poema *An anatomy of the world*, o poeta John Donne igualmente exaltou o valor das "lágrimas, ou suor, ou sangue".[1] Na Antiguidade clássica, o orador romano Cícero já havia utilizado o mote "suor e sangue" como dispositivo retórico em seus discursos cívicos. Deste modo, observamos que a imemorial expressão *"sangue, suor e lágrimas"* evoca as dores inevitáveis que as grandes conquistas exigem de pessoas e comunidades.

Nesta obra, o Bispo Robson Rodovalho mobiliza esse poderoso refrão para destacar acontecimentos marcantes na história do cristianismo. Com sua peculiar objetividade e

---

[1] John Donne, *The complete english poems*, 1991.

sensibilidade, ele abre o coração e relata experiências de fé decisivas que contribuíram para delinear os contornos do movimento evangélico contemporâneo. O livro reúne capítulos curtos e inspiradores que registram narrativas de fé e milagres, sínteses biográficas, bastidores de concílios eclesiásticos, cultos e eventos públicos marcantes na história da Igreja, mencionando diversos episódios importantes no desenvolvimento, sobretudo, das comunidades evangélicas brasileiras e argentinas no final do século XX.

Certamente, a Igreja foi a maior agente de transformação das sociedades humanas em seu curso bimilenar. Contudo, como Rodovalho afirma, a obra não tem a intenção de criar uma linha temporal minuciosa, mas trazer acontecimentos importantes à tona, traçando uma "rápida abordagem dos avivamentos e uma base histórica da Igreja". Em dias de amnésia espiritual e ignorância de fatos básicos sobre o desenvolvimento do evangelicalismo, é oportuno revisitar as linhas formativas das igrejas evangélicas de orientações carismáticas, apostólicas e proféticas.

Para os leitores não cristãos, este livro é uma oportunidade de conhecer como pensa um dos líderes evangélicos brasileiros mais influentes da virada do século XX para o XXI. O Bispo Rodovalho é uma referência incontornável para se compreender o movimento das comunidades evangélicas que irrompeu na década de 1980 e impulsionou as igrejas brasileiras — e do mundo — reformando de liturgias ao código de vestimenta, dos hinários às estruturas organizacionais.

Para os leitores cristãos, esta obra é uma oportunidade não só de conhecer mais a trajetória histórica da igreja, mas também de ser encorajado a uma vida de oração, adoração a Deus, leitura da Palavra, serviço ao próximo, cheia do amor de Jesus. Afinal, sem a paixão de Cristo — com seu suor e lágrimas vertidos no Getsêmani, e seu sangue derramado na cruz do Calvário — não haveria esperança. Mas graças a Deus por Jesus Cristo.

O Evangelho não termina em morte, mas em triunfo: Jesus ressuscitou. O sangue, o suor e as lágrimas d'Ele abrem a história de uma Noiva vencedora. Por fim, vale ressaltar que conhecer e zelar pela trajetória dos servos e servas de Deus é um preceito bíblico explícito.

Lembrem-se dos seus líderes, os quais pregaram a palavra de Deus a vocês; e, considerando atentamente o fim da vida deles, imitem a fé que tiveram. Jesus Cristo é o mesmo ontem, hoje e para sempre. (Hebreus 13.7-8)

DAVI LAGO

prefácio

Se fosse possível examinar minuciosamente a vida de todos os grandes homens e mulheres de fé que influenciaram a sociedade, qual traço distintivo se destacaria? Esta é uma questão desafiadora, pois o verdadeiro discípulo transcende a mera manifestação de um punhado de qualidades bem desenvolvidas. Contudo, ao observamos os relatos de alguns notáveis seguidores de Jesus, como Pedro, Estêvão e Paulo, entendemos que para ser genuinamente cristão é preciso adotar a obediência radical como um estilo de vida.

Ao reconhecermos Cristo como o Salvador de nossas almas, também devemos conferir a Ele o título de Senhor de nossas vidas e conceder-Lhe pleno acesso a todas as áreas de nossa existência. Assim, deixamos de ser criaturas sem rumo, para nos tornarmos semeadoras e semeadores de uma mensagem que deve ser lançada não apenas em solo fértil, mas também em terrenos desafiadores que podem colocar em risco nossas próprias vidas. Você pode até ouvir que esse chamado é reservado a apenas alguns, aos que são ousados e corajosos o suficiente para enfrentar tribulações extremas em lugares remotos. Porém, a Grande Comissão é para todos os que, independentemente do contexto ou da realidade cultural em que estão inseridos, amam a Verdade mais do que a própria vida.

Esses foram os que, convictos da fé que carregavam, derramaram *sangue, suor e lágrimas* para proteger a Noiva de Cristo, fundamentando uma comunidade não em segurança e tranquilidade, mas sobre riscos e provações. Os primeiros discípulos, por exemplo, logo após serem batizados no Espírito Santo, passaram a enfrentar pressão de todos os lados. Tiveram os seus bens confiscados, a sua liberdade reprimida, e viveram como estrangeiros, migrando de cidade em cidade. Faz sentido pensar que, naquela situação, eles rogariam a Deus por algum alívio, mas não foi o que fizeram. O medo não tinha espaço entre aquelas pessoas comprometidas com a Verdade. Diante das afrontas, eles oraram: "Agora, Senhor, olha para as ameaças deles e concede aos teus servos que anunciem a tua palavra com toda a ousadia" (Atos 4.29). Essas palavras nos apresentam a identidade da Igreja vencedora.

Embora a decisão de enfrentar a perseguição possa parecer insanidade aos olhos do mundo, esse tipo de comportamento foi moldado nos discípulos ao longo dos anos em que caminharam ao lado de Jesus. Entre as muitas qualidades que podemos atribuir ao nosso Mestre, devemos reconhecer que Ele não era um homem de impulsos comuns. Sua coragem era feroz, mas, ao mesmo tempo, totalmente submissa ao Espírito. N'Ele, não havia vestígio de ambiguidade. Mesmo quando uma multidão enfurecida, armada com paus e espadas, aproximava-se na escuridão para prendê-lO, tudo o que se ouviu de Seus lábios foi: "Pai, [...] não se faça a minha vontade, e sim a tua." (Lucas 22.42). No jardim do Getsêmani, Cristo estabeleceu o padrão de conduta para um cristão, com fundamentos firmados na obediência radical à orientação do Espírito.

Este livro, com certeza, não é para ser lido como aquelas histórias contadas antes de dormir; ele é um clamor por despertamento! Se você já teve contato com ao menos uma pequena porção dos evangelhos, compreende que seguir os passos de Jesus não nos conduz a um sofá diante de uma televisão, mas nos mostra o quão valioso é sofrer pelo nome d'Ele (cf. Atos 9.16). O Filho de Deus, enviado para nos guiar no caminho da vida eterna, deixou claro que todos que desejam estar unidos a Ele em um só corpo devem renunciar à segurança, à estabilidade e a todas as outras garantias terrenas, lançando-se completamente em um propósito comum: a Grande Comissão.

Existe um anseio no coração de Deus para que os Seus filhos assumam a identidade que lhes foi dada, mantendo a chama do fogo do Espírito acesa sobre a Terra. Os profetas do Antigo Testamento e os cristãos do passado se entregaram pela missão que, hoje, está em nossas mãos. Como peregrinos, sacrificaram-se sem a esperança de receber prêmio algum nesta vida, porque estavam com os seus olhos no lar eterno, em uma recompensa muito maior do que qualquer outra que este mundo tem a oferecer. Todos eles, muitos de nomes desconhecidos, não morreram como perdedores, mas em glória.

Como parte dessa história, o Bispo Rodovalho se encontra no rol de líderes que participaram dos principais acontecimentos da esfera cristã nas últimas décadas. Desde a minha infância, tenho testemunhado o ministério deste homem levar restauração e vigor para cristãos no Brasil e no mundo, preparando o caminho para as próximas gerações de avivalistas. Neste livro, ele utilizou sua vasta experiência como físico e estudioso das Escrituras para analisar o DNA vitorioso da Igreja e compartilhar conosco alguns dos relatos que inflamam os nossos corações com uma urgência por mudança. Após percorrer estas páginas, desejo que você esteja preparado para dar o passo de fé mais audacioso de sua vida, perpetuando um legado que se sustenta pelo sacrifício daqueles que nos precederam.

TEÓFILO HAYASHI
Zion Church Global e Dunamis Movement

Introdução

Este livro ocupa um lugar especial no meu coração há muitos anos. Sempre fui fascinado pelo tema da "Igreja vencedora". Refiro-me ao exército de santos que, ao longo de diversas gerações, trilhou o caminho da santidade ao enfrentar e superar todos os obstáculos e provações que a vida lhes impôs. Ao longo das eras, sempre emergiram vencedores intrépidos, destemidos diante de fogueiras, covas, leões, espadas e toda sorte de adversários da fé.

Minha proposta não é a de uma abordagem meramente intelectual a respeito da formação e evolução do pensamento cristão. Na verdade, destaco que já existem ensaios magistrais sobre tal temática, como a notável coleção de Gonzales[1] e outros. Também não é minha intenção central enfocar os grandes teólogos que guiaram a Igreja formal, embora sejam mencionados de modo conciso. Minha missão, neste trabalho, é trazer à luz os avivamentos sobrenaturais que se desenrolaram em períodos recentes, décadas ou mesmo séculos atrás e o que os precedeu. O alvo é apresentar o panorama oculto, o pano de fundo, e os alicerces dessas visitações do Senhor ao Seu povo. Quero mostrar avivamentos como os ocorridos no passado

---

[1] Justo L. González, *História ilustrada do cristianismo*, 2011.

podem igualmente acontecer no presente, se nos colocarmos na mesma posição desses intercessores e formos impelidos pela mesma paixão pelo Senhor e pela Sua presença.

As palavras e promessas do Senhor perduram para sempre e estão disponíveis a todas as gerações! Contudo, precisamos ter em mente que os desafios que se apresentam à nossa frente são gigantescos. O espírito do anticristo já opera de maneira sem precedentes neste tempo e prenuncia uma atuação ainda mais intensa no porvir. A base do nosso mundo ocidental, alicerçada em uma cultura judaico-cristã, sofre abalos vigorosos. Nesse cenário, mais do que nunca, surge a necessidade de uma Igreja vencedora, com homens e mulheres comprometidos com Deus e com o legado dos grandes heróis da fé: prontos para vencer e decididos a manterem-se fiéis até o último suspiro. E é isso que pretendo abordar neste livro.

> *As palavras e promessas do Senhor perduram para sempre e estão disponíveis a todas as gerações!*

Intencionalmente, permeamos os capítulos com narrativas sobre avivamentos e relatos pouco explorados no âmbito acadêmico, uma vez que são de relevância incontestável para os que se debruçam sobre as passagens bíblicas relativas à Igreja Primitiva nos primeiros séculos e sempre se perguntaram quem foram os santos que mantiveram a chama viva, mesmo diante do Império Romano, fazendo com que este se dobrasse.

Esta obra vem trazer respostas a questionamentos tais como: quem sucedeu aos primeiros apóstolos? Como estruturaram-se as primeiras comunidades cristãs? Quais foram as heresias iniciais e como foram enfrentadas? Como os apologistas defenderam a fé cristã e transformaram o pensamento da sociedade a respeito dela? Como aconteceram as missões pioneiras? E, acima de tudo, quais foram os movimentos do Senhor que acenderam novas brasas em meio a contextos tão desafiadores e hostis à difusão da mensagem? São levantadas, portanto, diversas abordagens que nos permitem uma compreensão minuciosa de como esses eventos desenrolaram-se.

Minha oração é para que o Senhor o abençoe à medida que embarca nesta jornada em busca da Sua presença e do derramamento do Seu Espírito. Que recaia um avivamento transformador sobre você, seu ministério e as futuras gerações que hão de vir.

BISPO ROBSON RODOVALHO

Parte 1

DESPERTADOS PELO FOGO:
AVIVAMENTOS

Capítulo 1
O mover de Deus na América Latina

Em seu livro, *Secrets of argentine revival* (em português, "Segredos do reavivamento argentino"), o pastor americano Edward Miller relatou a experiência sobrenatural de um jovem polonês chamado Alexandre que teve um encontro com Deus durante a madrugada. Alexandre clamou ao Senhor em oração, e Ele o respondeu, guiando-o à Sua presença e despertando em seu coração um profundo temor.

Era meia-noite e tudo ao redor estava quieto e havia uma expectativa no ar. O céu estrelado brilhava intensamente, enquanto no coração de um jovem imigrante europeu, um clamor nascido do Espírito Santo se elevava aos céus. Deus ouviu seu clamor, pois originou-se no coração divino. Enquanto o jovem clamava a Deus, sentiu a presença do Senhor se aproximar, enchendo-o de surpresa. A sensação estranha que o envolvia e o brilho cada vez mais intenso das estrelas o deixaram perplexo. A luz se tornou tão intensa que ele foi capaz de ler sua Bíblia naquele campo à meia-noite. De repente, uma luz ainda mais forte surgiu, e ele se virou para descobrir a origem daquele brilho vibrante.

Para sua surpresa, ele viu um ser celestial brilhante e glorioso dos reinos celestiais. Ele reconheceu que era um anjo e, por isso, aproximou-se dele, sentindo-se envolvido em um abraço carinhoso. O jovem se viu envolto na impressionante presença de Deus: um lugar de santidade infinita, amor ilimitado e poder assombroso. Apavorado, caiu de joelhos e fugiu em angústia daquele visitante angelical, correndo de volta para o abrigo de seu dormitório no Instituto Bíblico.[1]

Miller compartilha que um anjo do Senhor trouxe consigo a presença divina e aproximou-se de Alexandre. Aterrorizado, o jovem buscou refúgio no Instituto Bíblico, porém o "visitante celestial" continuou a acompanhá-lo.

Dentro do prédio do Instituto, localizado em City Bell, todos estavam calmamente adormecidos, sem suspeitar do drama prestes a se desenrolar em seus tranquilos quartos. Do lado de fora, o jovem aterrorizado gritava e batia desesperadamente na porta trancada; seu terror aumentava. Ele chamou em voz alta, implorando que alguém o deixasse entrar. Finalmente, um dos alunos acordou,

---

[1]   Edward Miller, *Secrets of the argentine revival*, 1999, tradução nossa.

assustado com toda a agitação. Ao reconhecer a voz de seu colega, abriu a porta. Pensando que poderia escapar da terrível presença que o acompanhava, o rapaz correu para dentro do prédio. No entanto, para sua surpresa, o Visitante Celestial entrou no Instituto com ele.[2]

Esse encontro sobrenatural despertou não somente Alexandre, mas também muitos estudantes, de tal forma que lhes incutiu um temor divino e levou-os ao arrependimento. Apenas um deles optou por fugir, pois sentia-se incapaz de enfrentar e confrontar seus próprios pecados.

Em questão de segundos, todos os alunos acordaram e tremeram de medo ao sentirem a presença sagrada de Deus. O temor do Senhor caiu sobre eles, levando-os ao arrependimento e clamor por perdão, enquanto o Espírito do Senhor lidava com eles de maneira poderosa e santa. Nenhum aluno presente escapou do fogo sagrado da presença divina. Um jovem estudante, relutante em confrontar seu pecado, arrepender-se e abandoná-lo, rapidamente arrumou sua mala e desapareceu na escuridão da noite. Ele retorou à sua casa para nunca mais ser visto.[3]

Nos dias que se seguiram, a presença do Senhor permaneceu entres eles e impactou todo o corpo discente, que foi notavelmente transformado. O visitante celestial escolheu Alexandre

[2] *Ibidem.*
[3] *Ibidem.*

Sangue, suor e lágrimas

para experimentar algo novo e conduziu-o em espírito a explorar várias cidades ao redor do Globo, cada uma precisamente identificada. Esse evento provocou um intenso anseio por um relacionamento mais profundo com Deus nos estudantes, o que resultou em uma completa rendição e pavimentou o caminho para uma manifestação divina na Argentina.

Minutos depois, enquanto os alunos oravam, o Visitante Celestial se aproximou do jovem polonês. Imediatamente, Alexandre foi transportado em espírito por aquele poderoso ser para cidades e países distantes. Ele viajou sobre a face da Terra e visitou várias cidades em diferentes nações. Cada cidade era nomeada claramente e de forma pausada, os nomes eram repetidos duas ou três vezes.

Das cidades argentinas, avançou para outros países e continuou a nomear lentamente mais cidades. Era como se ele estivesse lendo deliberadamente os nomes de um grande atlas. Alexandre sentia como se estivesse verdadeiramente visitando cada uma daquelas cidades, parando para orar por horas em cada uma delas. Para os demais, apenas cerca de cinco minutos se passavam em cada localidade, mas, para Alexandre, parecia ser uma eternidade. Essa nomeação de cidades do mundo durou oito horas.[4]

---

[4] *Ibidem.*

O mover de Deus na América Latina

Testemunhos como esse têm uma imensa importância, pois estamos imersos em uma era na qual a conexão com o sobrenatural tem sido relegada, e a humanidade está cada vez mais presa nas amarras do plano material. A fé cristã, porém, é baseada em um relacionamento íntimo e pessoal com Deus. Ela é nutrida e fortalecida ao conhecermos aquilo que Ele fez e ainda faz em nosso meio. Tais experiências extraordinárias são como provas palpáveis da presença e influência contínuas do

A nossa fé está em um Deus que ainda realiza prodígios no meio do Seu povo.

Espírito Santo nos dias atuais. Apesar de muitos continuarem acreditando que os eventos sobrenaturais pertencem ao passado e cessaram após os tempos bíblicos, a nossa fé está em um Deus que ainda realiza prodígios no meio do Seu povo, que visita cidades e nações e nos faz sonhar com algo grandioso para os dias que estão por vir.

Edward Miller relata a visita celestial ao Instituto em seu livro e demonstra que o Espírito Santo gerou um profundo quebrantamento e um respeito reverente pelo Senhor, à medida que Sua presença revelava a verdadeira condição daqueles alunos. Miller relata que, nas noites seguintes, os estudantes sentiam uma inquietação ao ficar sozinhos e chegaram, inclusive, a compartilhar camas, impactados pela imensurável força da presença de Deus que acompanhava o mensageiro celestial. O temor ao Senhor se aprofundou arraigadamente naquele grupo e promoveu uma transformação de caráter irreversível.

Sangue, suor e lágrimas

Nas noites seguintes, os alunos temeram ficar sozinhos. Mesmo aqueles que dividiam o quarto buscavam refúgio na mesma cama sem se importar em tirar suas roupas, tamanho era o poder inspirador da vida de Deus que acompanhava aquele visitante angelical. O temor de Deus se estabeleceu no corpo discente, transformando-os de forma irrevogável.[5]

Esse evento, testemunhado em 1949, no Instituto Bíblico de City Bell, foi uma das centelhas do mover de Deus naquela nação, cujo início remontava a anos antes, na cidade de Mendonza (detalharemos mais adiante), preparando o caminho para as futuras transformações e avivamentos que se seguiriam.

CENTELHAS DA PRESENÇA DE DEUS

Na minha perspectiva, o século XX se destaca como uma época de grande relevância no que diz respeito a avivamentos e derramamento do Espírito Santo desde os tempos da Igreja Primitiva. Depois da descida do Consolador, registrada no livro de Atos, até os primeiros anos do século passado, a Igreja não havia vivenciado momentos tão profundamente sobrenaturais, nos quais a presença do Senhor se manifestava por meio de dons, sinais e maravilhas.

Diferentes nações foram profundamente impactadas e visitadas pelo Espírito à medida que ali se buscava a Deus. Esses avivamentos se tornaram centelhas que se espalharam

---

[5] *Ibidem.*

por diversas regiões, países e continentes. O último século testemunhou ondas e mais ondas desse mover sobrenatural: uma revolução na vida dos jovens, a revitalização de igrejas tradicionais e a manifestação do poder do Senhor por meio de curas e milagres.

Apontar o local onde tudo começou é uma tarefa difícil, pois as visitações sobrenaturais que deram início a diversos avivamentos espalharam-se por todo o mundo. Uma analogia eficaz para ilustrar isso é comparar com o eco de um grito em uma caverna. Quando gritamos em um ambiente fechado, obedecendo às leis da reflexão ondulatória, as ondas sonoras reverberam de parede em parede, ampliando e repetindo o som original. Da mesma forma, o Espírito Santo Se moveu por todo o mundo, por meio de pessoas que se dedicaram integralmente à busca da presença e do poder de Deus, impulsionadas pela mesma sede que ecoou no coração do Rei Davi:

Assim como a corça suspira pelas correntes das águas, assim, por ti, ó Deus, suspira a minha alma. A minha alma tem sede de Deus, do Deus vivo [...]. (Salmos 42.1-2)

O termo hebraico *arag*, traduzido como "suspirar", carrega em si os significados de anseio, uivo e clamor. Em uma conversa com amigos residentes no Colorado, EUA, tive conhecimento de que, naquela localidade, as corças, quando estão em busca de riachos, emitem uivos que podem ser ouvidos a quilômetros de distância. De modo semelhante, é o clamor daqueles que persistentemente buscam a presença do Senhor, cujas almas não encontram repouso tanto de dia quanto de noite. A todo momento, por todos os lados deste mundo, há pessoas imersas em uma busca profunda por um encontro mais íntimo com Deus. Ao experimentá-lo, frequentemente a sensação ultrapassa barreiras teológicas, físicas, culturais e até mesmo circunstanciais. Em outras palavras, aqueles que são impulsionados por esse intenso anseio em seu coração clamam incansavelmente, seja nas igrejas, em seus lares, nas ruas, nos meios de transporte público, seja em qualquer ambiente.

TOMMY HICKS

Impulsionado pela mesma fome e sede de Deus que inflamavam os heróis da fé, um evangelista americano pouco conhecido, de nome Tommy Hicks[6], entregou-se a um período de jejum que se estendeu por quarenta dias. Após esse tempo, Demos Shakarian, o fundador do Full Gospel Business Men's Fellowship (Associação de Homens de Negócios do Evangelho Pleno — Adhonep), recebeu uma clara orientação do Senhor para ofertar recursos à residência de Tommy Hicks, um gesto totalmente inusitado. Quando Hicks abriu a porta e recebeu o cheque em suas mãos, ele disse: "Eu estava aguardando por isso e sei exatamente como vou utilizá-lo". Com a oferta, ele adquiriu a passagem aérea que o levaria à Argentina.

Durante o trajeto, Hicks indagou à comissária de bordo sobre o significado da palavra "Perón", uma vez que esse termo

[6] N. E.: Tommy Hicks (1909-1973) foi um pregador e evangelista americano, reconhecido como uma figura importante no avivamento da Argentina no século XX.

persistia em sua mente de forma constante. A resposta da mulher confirmou que se referia ao nome do presidente do país. A partir desse momento, a convicção de que deveria se encontrar com o governante tomou conta de seu coração.

Ao chegar à Argentina, o evangelista deparou-se com um desafio de proporções monumentais: conseguir uma audiência com o presidente. Como todos ao seu redor diziam que a empreitada era praticamente impossível, ele se retirou para seu quarto e buscou a orientação divina para enfrentar a impossibilidade. Foi então que, em oração, uma paz sobrenatural inundou o seu ser, acompanhada de uma profunda certeza de que Deus estava ao seu lado.

Determinado, Tommy Hicks partiu em direção à Casa Rosada, sede do governo argentino. Ao chegar, um dos encarregados da segurança do presidente se aproximou e indagou-o sobre a sua presença. Com serenidade e humildade, o jovem explicou que a sua intenção era promover uma campanha voltada para a salvação e cura divinas no país, de modo que estava ali para apresentá-la ao presidente. De maneira surpreendente, o membro da segurança demonstrou interesse e questionou se Deus poderia curá-lo de uma enfermidade.

Sem hesitar, o evangelista estendeu as suas mãos, orando fervorosamente, e naquele exato momento um milagre aconteceu. O homem foi instantaneamente curado e testemunhou o poder do Senhor em sua vida; a fé dele foi fortalecida e, por isso, prometeu ajudar Tommy a se encontrar com o presidente.

No dia seguinte, Hicks foi recebido por Perón em seu gabinete. Com uma combinação de humildade e ousadia, ele delineou minuciosamente sua visão de realizar uma campanha evangelística abrangente, em que pregaria sobre a salvação e ministraria a cura divina. A ideia era fazer isso em um estádio, para alcançar toda a cidade e ter ampla cobertura da imprensa e do rádio. Aparentemente, aquele era o primeiro contato do presidente com a noção do poder transformador de Deus, e um acontecimento extraordinário se desenrolou em seguida.

Perón confidenciou a Tommy que estava sofrendo de uma condição dermatológica persistente e desfigurante, que resistira a todos os esforços médicos para a cura. Sua aflição estava se agravando a ponto de ele evitar fotografias de seu rosto. Movido por compaixão e confiança no agir de Deus, Hicks segurou a mão de Perón e orou por sua cura. Enquanto clamavam, a presença do Espírito Santo preencheu o ambiente. O poder do Senhor fluía por intermédio do evangelista, de modo que um milagre extraordinário aconteceu quando a pele do presidente foi restaurada, e a doença desapareceu completamente.

Naquele momento, tomado por espanto e gratidão, o presidente exclamou emocionado: *"Dios mío, estoy curado!"*[7].

> *O presidente exclamou emocionado: "Dios mío, estoy curado!".*

A cura era incontestável, uma demonstração inegável do poder divino. Diante daquela experiência, Perón concedeu a Tommy a autorização para realizar um evento de proporções grandiosas e o apoio da imprensa — tudo o que ele buscava. As portas que antes estavam fechadas se abriram de maneira sobrenatura! O

---

7   N. E.: "Meu Deus, estou curado", tradução nossa.

toque do Espírito Santo transformou tudo! Em um instante, aquilo que parecia impossível para os homens se tornou uma realidade pela intervenção de Deus.

Pouco tempo depois, o Estádio Atlântico, com capacidade para vinte e cinco mil pessoas, foi alugado. As histórias sobre milagres começaram a se disseminar e atraíram multidões cada vez maiores. Equipes trabalhavam em turnos de doze horas diárias, assentos eram ocupados horas antes das reuniões, corredores ficavam abarrotados e a multidão derrubava cercas e portas para entrar. Em uma ocasião, os funcionários não conseguiram montar a plataforma devido à densidade da multidão; somente quando Hicks chegou com acompanhamento policial é que um caminho foi aberto para montar a plataforma. Não demorou muito até que precisassem alugar o maior estádio do país, com capacidade para impressionantes cento e oitenta mil pessoas.

Milhares de argentinos se rendiam ao poder do Senhor, aceitavam Jesus como Salvador e eram curados de toda espécie de enfermidade. O país estava sendo impactado pelo mover sobrenatural. Dia após dia, o local permanecia lotado por almas sedentas por cura, milagres e palavras do pregador americano.

A mídia argentina foi completamente tomada por esses eventos. Jornais, revistas e canais de televisão dedicaram um espaço impressionante a Hicks. No entanto, em pouco tempo, ele começou a demonstrar sinais de esgotamento físico e emocional. Com o corpo debilitado, equilibrar a administração de uma onda sobrenatural de tal magnitude tornou-se uma tarefa difícil. A partir de então, Hicks gradualmente se afastou do cenário. Ele retornou aos Estados Unidos para cuidar da saúde e pausou a sua carreira evangelística na América do Sul.

Tempos depois, Hicks voltou ao país para conduzir novas campanhas evangelísticas. Após a conclusão de sua segunda estadia na Argentina, partiu para a Europa, com o objetivo de pregar por toda a União Soviética e, assim, ultrapassar a barreira da Cortina de Ferro.

ALBERTO DARLING

O avivamento do Espírito Santo foi testemunhado por Ralph Mahoney, diretor do Plano Mundial de Assistência Missionária (World Map), que compartilhou o ocorrido em um artigo publicado na revista World Map Digest, na edição março e abril de 1970. Mahoney, depois de retornar da Argentina, testemunhou sobre as bênçãos e a operação divina naquela terra:

> Logo depois que voltei à América do Norte, Jack Schisler foi convidado a ir ao lar de Alberto Darling, vice-presidente da Companhia Coca-Cola, e um líder leigo na igreja "Hermanos Libres". [...] Naquela reunião, várias pessoas denominacionais foram batizadas no Espírito Santo.[8]

A presença do Senhor era tão avassaladora que optaram por se reunir todas as noites de sábado para orar. A cada semana, quando se reuniam, o Espírito de Deus Se fazia presente, tornando frequentes as experiências milagrosas e o derramamento de dons.

---

[8] "História do avivamento na Argentina", *Revista Impacto*, 2015, p. 40.

O mover de Deus na América Latina

Com o aumento incessante do grupo de oração, continuar as reuniões na casa de Darling tornou-se inviável, levando-os a alugar um salão. No entanto, mesmo esse espaço não foi suficiente para acomodar o grupo crescente. Como prova do agir de Deus no meio deles, um grande templo foi-lhes oferecido gratuitamente às segundas-feiras, o que possibilitou a continuidade dos encontros. Seus eventos atraíram a atenção de líderes proeminentes de Buenos Aires, como Orville Swindoll, Jorge Himitián, Keith Bentson e outros, os quais reconheceram testemunhar uma visita soberana do Senhor, cujo impacto ultrapassava todas as expectativas.

Em setembro de 1969, o templo também se tornou insuficiente para o grupo. Conseguiram um teatro, no centro de Buenos Aires, com capacidade para aproximadamente 1.500 pessoas, onde a reunião de oração se estabeleceu. Nesse teatro que Ralph Mahoney teve o privilégio de ministrar a Palavra de Deus algumas vezes.

Durante um desses encontros, o irmão Himitián, que no início manifestava ceticismo e crítica em relação às danças e aos aplausos durante o louvor, foi tocado pela graça divina e uniu-se aos demais. A atmosfera repleta de alegria e adoração era tão envolvente que alguém perguntou a Himitián por que ele estava dançando, ao que respondeu: "Porque ainda não aprendi a voar!". Todos pareciam imersos em uma realidade gloriosa, e o teatro estava abarrotado, com centenas de pessoas ocupando os corredores e a galeria.

À medida que a adoração continuava, um hino de louvor era entoado com crescente intensidade. A presença do Senhor

Sangue, suor e lágrimas

era tão tangível que "[...] os sacerdotes não conseguiam permanecer em pé para ministrar [...]" (2 Crônicas 5.14 – A21). A reunião transcorria em um fluxo contínuo de louvor e adoração, pois todos sentiam-se redimidos por Deus e arrebatados pelo Seu amor. Como resultado desses encontros, emergiram características cruciais do grupo: batismo no Espírito Santo, exercício dos dons espirituais, movimento de louvor (*alabanza*, em espanhol), discipulado como abordagem para consolidação e crescimento no ministério, além do enfoque na unidade da igreja com pastores e membros em uma única expressão de fé. Esse modelo se espalhou por diversas nações do mundo, inclusive o Brasil.

O formato de vivenciar o louvor e a adoração que marcou a história da igreja brasileira foi profundamente influenciado pelo mover do Espírito na Argentina e na igreja Bible Temple, em Oregon, que trouxe ao Brasil a visão da adoração na presença do Deus vivo, assim como a unção para a composição de novos cânticos. As demais ênfases também tiveram a influência da Bible Temple.

MENDOZA

O avivamento espiritual na cidade de Mendoza foi outro exemplo marcante do derramamento do Espírito Santo e da transformação que pode ocorrer quando as pessoas se rendem a Deus em oração e obediência. Edward Miller, em *Secrets of the argentine revival*, conta como esse avivamento teve início e se espalhou pelo país.

O mover de Deus na América Latina

Inicialmente, a responsabilidade de Miller restringia-se a uma pequena igreja com apenas oito membros em Mendoza. A situação das igrejas na Argentina, na época, era desanimadora, com poucos fiéis e uma mensagem sem raízes no país, mesmo após cinquenta anos de esforços missionários. Diante de adversidades e tentações para desistir, Miller tomou a decisão de buscar a Deus de maneira profunda e abrangente. Ele se comprometeu a passar, no mínimo, oito horas diárias orando e estudando a Palavra, além de consagrar uma semana inteira ao jejum e à oração.

Ao longo de semanas dedicadas à busca por mais de Deus, Miller viu-se imerso em questionamentos internos sobre a possibilidade de um homem comum realmente experimentar uma conexão tangível com o Senhor e se Ele ainda desafiava os seres humanos como fazia no passado. Justo quando a desesperança parecia tomar conta, um pastor da região chegou acompanhado de seu filho adolescente, ainda não convertido. Após uma íntima conversa, o menino optou por entregar sua vida ao Senhor. Foi nesse exato instante que Miller ouviu a voz suave e tranquila de Deus, assegurando que Ele traria almas no tempo que julgasse apropriado. Esse encontro revigorou sua determinação e inspirou a renovação de seu compromisso. Assim, ele prosseguiu em oração.

Certo dia, enquanto Miller estava imerso em adoração, uma voz poderosa ecoou na sala, acompanhada pela irrefutável presença de Deus. Ele foi transportado para um plano desconhecido e imergiu em reinos de esplendor espiritual. Esse encontro pessoal e profundo com Deus revitalizou sua fé e levou-o a desejar iniciar reuniões de oração consecutivas, com duração de quatro horas, todas as noites, das 20h às 00h.

Apesar das incertezas iniciais acerca do êxito dessas reuniões, três pessoas decidiram participar. Elas não tinham experimentado previamente manifestações do Espírito Santo.

Bata na mesa

Nas primeiras noites, nada fora do comum ocorreu — apenas um profundo silêncio permeava o ambiente. No entanto, na terceira noite, a jovem esposa de um dos participantes compartilhou que havia sentido um desejo de bater na mesa que ficava na sala, mas a timidez impediu-a de fazer isso. Miller, ao buscar a orientação divina, discerniu que ela havia sido guiada pelo Senhor a realizar o ato, aparentemente trivial aos olhos humanos. Esse gesto provavelmente era um reflexo de indignação do próprio Deus pela frieza espiritual que permeava a sociedade.

Quando ela finalmente bateu na mesa, uma rajada de vento poderosa encheu a sala, e todos foram envolvidos pela presença do Espírito Santo. Uma outra mulher começou a adorar a Deus em uma língua desconhecida, e o marido da jovem que bateu na mesa caiu no chão e começou a adorar em línguas, assim como sua esposa. De fato, o Senhor utilizou aquele simples ato para desencadear Seu poder.

Esse avivamento em Mendoza foi o ponto de partida para um movimento que se espalhou por toda a Argentina. Mais pessoas começaram a buscar o Senhor, ser cheias do Espírito Santo e a testemunhar curas, visões proféticas e manifestações dos dons espirituais. As igrejas foram transformadas, passando a ter cultos repletos de regozijo e milagres.

Mudanças significativas também chegaram ao Brasil. Uma grande multidão foi despertada espiritualmente e começou a buscar fervorosamente a presença de Deus. Aqueles que antes zombavam da igreja e resistiam ao chamado divino passaram a se render e clamar pela misericórdia de Cristo.

OUTRO IDIOMA

Miller e outro missionário, Robert Thomas, obedecendo à voz do Pai, partiram para a cidade de Encarnación, no Paraguai. Ali já havia um trabalho missionário estabelecido, mas as pessoas da região ainda não tinham experimentado a expressão do Espírito Santo. A situação mudou quando, durante um culto noturno, a presença de Deus desceu sobre a congregação e um rio divino começou a fluir sobre todos.

Uma mulher indígena, recém-chegada da floresta, que falava apenas a língua guarani, começou a falar fluentemente em espanhol e profetizou sobre os planos do Senhor e a sã doutrina bíblica. Ela também instruiu um irmão a levantar as mãos e afirmou que o Senhor desejava batizá-lo com o Espírito Santo — e, de fato, aconteceu.

Esse despertar no Paraguai continuou por meses, impactou várias igrejas e alcançou até mesmo quem morava na floresta e nas colônias de imigrantes europeus. Jovens foram despertados e buscaram fervorosamente um encontro mais poderoso com Deus. Esse ocorrido também desencadeou

Sangue, suor e lágrimas

eventos que contribuíram com o avivamento na Argentina e em outras regiões.

BUENOS AIRES

O avivamento da Argentina foi marcado por várias ondas, sendo estas as principais, em linha cronológica.

- 1949: na cidade andina de Mendoza, com um pequeno grupo de oito pessoas consideradas desinteressadas — membros apáticos da igreja.

- 1951: em City Bell, com os alunos do Instituto, os quais receberam a visita celestial que gerou uma onda de temor e arrependimento, que os conduziu a uma vida de devoção fervorosa.

- 1954: em Buenos Aires, com a poderosa onda espiritual que reuniu dezenas de milhares de não convertidos em um grande estádio esportivo, no qual o Senhor salvou vidas e curou por meio do ministério de Tommy Hicks. Essa foi uma manifestação impressionante do poder e compaixão do Deus todo-poderoso.

- 1966 (dezembro): com Alberto Darling, vice-presidente da Coca-Cola na Argentina que deu início a uma reunião de oração em sua residência.

Todos os testemunhos mostram o poder do Espírito quando as pessoas se rendem a Ele e vivem em obediência. O avivamento não é limitado por fronteiras geográficas ou culturais, mas pode espalhar-se rapidamente e impactar vidas de maneiras surpreendentes. Essas histórias são um chamado para que os cristãos busquem o Pai com fervor e estejam abertos ao mover do Espírito em sua vida e comunidade.

O avivamento não é limitado por fronteiras geográficas ou culturais.

Capítulo 2

A minha experiência

A credito que toda onda de avivamento é precedida por uma visitação sobrenatural semelhante à que aconteceu com os jovens do Instituto Bíblico em City Bell. É como se Deus sempre escolhesse revelar-Se extraordinariamente a alguém ao preparar o terreno para mudanças e transformações profundas. Experimentei esse fenômeno em um momento crucial da minha jornada espiritual, pouco antes do surgimento do movimento das Comunidades Evangélicas.

Em uma tarde ensolarada, durante o terceiro dia de um acampamento cristão, tomei a decisão de aproveitar um intervalo nas atividades programadas para me dedicar à oração, em total solidão. Meu coração transbordava com uma fome insaciável por um encontro sobrenatural com Deus e eu tinha a certeza de que alguma coisa extraordinária estava prestes a acontecer, algo que elevaria minha conexão com o Eterno a um nível ainda inexplorado.

Sangue, suor e lágrimas

Nos meses anteriores, todos os dias, derramei minhas súplicas em oração e clamei intensamente pela dádiva do batismo com o Espírito Santo, dedicando até seis horas diárias a essa busca. Acreditava com todas as fibras do meu ser que esse encontro celestial transformaria a minha vida de maneira inimaginável. Eu ansiava

> *Meu coração transbordava com uma fome insaciável por um encontro sobrenatural com Deus.*

por uma experiência extraordinária por desejar sentir o poder divino de forma sobrenatural.

Algumas semanas antes do acampamento que mencionei acima, enquanto caminhava pelas ruas agitadas de Goiânia, mergulhei em uma oração fervorosa e escapei da realidade física ao meu redor. Nesse momento, de maneira inesperada e arrebatadora, o poder celestial percorreu cada parte do meu ser. Todo o meu corpo estremeceu e fui envolvido por uma luz divina, que parecia irradiar diretamente dos céus. Por estar no meio da rua, não pude encontrar um espaço íntimo para me ajoelhar e prosseguir em minha comunhão com Deus. No entanto, aquela visita celestial me afetou profundamente e deixou-me com um desejo insaciável por mais.

De volta ao episódio do acampamento, após mais de duas horas imerso em oração, ouvi um sino ecoando pelo ar, sinalizando que o momento do jantar havia chegado. Lembro-me de sair do meu lugar secreto coberto por uma convicção de que uma nova visitação estava prestes a acontecer. Enquanto andava na direção do refeitório, deparei-me com um jovem atleta que viajava conosco e tragava um cigarro de maconha

A minha experiência

na quadra de basquete. Tomado de surpresa, não consegui esconder a minha desaprovação e falei em um tom um tanto repreensivo: "Fumando um baseado, hein?".

De repente, o jovem começou a gritar e caiu bruscamente no chão. Meu coração acelerou, e um turbilhão de pensamentos tomou a minha mente. Seria um resultado do uso da maconha? Ou uma mera casualidade? Contudo, algo profundo no meu íntimo murmurou que existia uma influência maior em jogo, algo de caráter divino. No refeitório, enquanto isso, o som de panelas batendo e cantorias animadas preenchia o ar com um tom de brincadeira. As pessoas entoavam: "Estamos com uma fome tremenda!", em uma dinâmica descontraída que já se tornara recorrente.

Subitamente, esse ambiente leve e de risos foi envolvido por uma atmosfera espiritual. De maneira quase imperceptível, uma jovem começou a chorar e se ajoelhou; em seguida, outro rapaz se prostrou no chão, seguido por outros que caíram sob a influência do poder divino. A comoção se alastrava: uma garota desfaleceu inexplicavelmente, enquanto outros tombavam ou se ajoelhavam em meio a essa comoção espiritual. Tudo parecia ter saído de uma cena épica de cinema, mas era a manifestação tangível da presença de Deus.

Junto aos meus dois amigos, Luiz de Jesus e Neife, hoje pastores, saltei pela janela do refeitório. Caímos um ao lado do outro e, num impulso irresistível, nós nos ajoelhamos e começamos a orar. Nossas vozes se entrelaçaram em um clamor por uma visita sobrenatural! Foi nesse momento de urgência e busca intensa que gradualmente perdi a consciência.

Sangue, suor e lágrimas

Senti-me sendo elevado, transportado para uma dimensão além da física. Ascendi, subindo cada vez mais... até estar diante de um trono majestoso que reconheci como o trono de Jesus, ainda que Seu semblante estivesse fora do alcance do meu olhar. A visão era de uma beleza indescritível, Seus pés e corpo cintilavam como ouro líquido. Ajoelhado, tomado pela reverência, comecei a proclamar: "Santo, Santo, Santo é o Senhor!". A glória divina me envolveu de maneira tão palpável e real que, mesmo após anos, ainda é impossível transmitir completamente a grandiosidade dessa experiência.

Permanecemos lá por um período, imersos naquela manifestação sobrenatural de poder. Eu sentia algo como ondas elétricas intensas percorrendo o meu corpo, tão poderosas que pareciam quase insustentáveis, era como se meu corpo estivesse à beira da dissolução. As ondas continuavam a passar em mim, uma após a outra. A primeira me envolveu por completo, a segunda parecia estar prestes a me fazer explodir. Nesse momento, clamei: "Senhor, não consigo mais suportar, vou morrer fisicamente". Em seguida, gradativamente, a potência da terceira onda diminuiu. Para mim, pareceu que horas se passaram, pois eu havia perdido totalmente a noção do tempo. Lembro-me de sentir a mão de alguém em meu ombro e de ouvir uma voz que nos chamava para encerrar a oração. Fui levado, em rendição, para o dormitório, onde fiquei em um beliche até o dia seguinte. Não há dúvida de que, naquela noite, eu experienciei um batismo de poder como jamais poderia ter imaginado.

A minha experiência

Após esse encontro transcendente com Jesus, recobrei a minha consciência física com a mente clara e renovada. Era nítido para mim que algo verdadeiramente extraordinário ocorrera em minha jornada. Uma alegria indescritível e uma paz inabalável prevaleciam dentro de mim. O mundo ao meu redor adquiriu intensidade e vivacidade notáveis, como se uma venda tivesse sido retirada dos meus olhos.

Naquele instante, compreendi que Deus respondera às minhas preces e me batizara com o Espírito Santo. Meu coração se encheu de determinação. Ciente da necessidade de compartilhar minha experiência espiritual, senti um chamado para incentivar outros a buscarem a presença divina e a crerem nos milagres. Aquele dia marcou o início de uma jornada de fé ainda mais profunda em que as visitações divinas se tornaram uma constante na minha vida.

Percebi que a minha conexão com a igreja que frequentava precisava de uma transformação significativa. No meu espírito, ardia o anseio por uma vivência cristã autêntica e por um grupo de pessoas apaixonadas que compartilhassem a mesma chama e aspiração de ter um relacionamento genuíno com Deus. Foi então que tomei a corajosa decisão de romper os laços, em busca de um novo formato de congregação que espelhasse o padrão do Novo Testamento delineado em Atos 2, no qual a ênfase recai na comunhão e na prática dos princípios bíblicos.

Muitos cristãos sentem-se desencaixados em relação às tradições e estruturas denominacionais já estabelecidas e buscam uma comunidade de fé que compartilhe suas crenças e seus valores, onde possam se engajar de maneira ativa e significativa.

47

Sangue, suor e lágrimas

Essa busca pode culminar na criação de igrejas independentes, grupos de base ou movimentos que enfatizam a simplicidade, a comunhão, o discipulado e a expressão dos dons espirituais. O propósito subjacente é alcançar uma ligação mais profunda com Deus e adotar um estilo de vida cristão genuíno e transformador.

É importante lembrar que a amplitude da diversidade na expressão do cristianismo permite que cada indivíduo descubra sua própria identidade em Cristo de maneira singular. Assim, é de suma importância continuar a busca por um ambiente espiritual que preserve a essência da fé e conserve a individualidade dos membros, para sempre manter o amor, o respeito e a unidade dentro do Corpo de Cristo.

Acredito que a visitação sobrenatural vivenciada por mim foi um indício divino de que algo grandioso estava prestes a ocorrer. Vejo ter sido esse meramente um prenúncio do tempo das Comunidades Evangélicas, um período em que a presença de Deus se tornaria palpável em nosso meio, geraria transformações profundas e incitaria uma paixão inabalável pelos princípios bíblicos.

O NASCIMENTO DAS COMUNIDADES

O Brasil foi agraciado com diversos avivamentos de relevância que merecem nossa atenção. Surgiram as chamadas igrejas renovadas, frutos de grupos que experimentaram uma visitação especial de Deus por meio dos dons espirituais, por meio do batismo do Espírito Santo. Dadas as limitações de

A minha experiência

espaço, torna-se inviável citar individualmente esses avivamentos, mas é importante destacar sua contribuição crucial para o surgimento de denominações como as presbiterianas renovadas, batistas renovadas, metodistas renovadas, wesleyanas e outras.

Mas quero enfatizar, devido à afinidade e relação com minha própria experiência, e também por ser a mais recente onda de renovação espiritual no Brasil, o surgimento das Comunidades Evangélicas.

Após viver aquelas experiências sobrenaturais, a empreitada de erguer uma igreja que siga o modelo neotestamentário revelou-se uma jornada intensa e inspiradora. Durante um período de dois anos, imergi em uma profunda busca por Deus, dediquei-me ao estudo minucioso do Novo Testamento e a diálogos construtivos com pastores experientes que também almejavam essa nova realidade. Nesse processo de busca, o Pastor Jairo Gonçalves, da Igreja Presbiteriana à qual eu pertencia, ofereceu um conselho sincero: "Robson, vocês precisam fundar uma comunidade com características e identidade próprias". Ele percebeu que nenhuma igreja estabelecida seria capaz de absorver ou suportar o impacto cultural que os jovens alcançados traziam consigo para o ambiente eclesiástico. Naquele instante, compreendi que um novo capítulo estava prestes a ser escrito, estabelecendo os alicerces para uma comunidade jovem inovadora, liberada de amarras ortodoxas e tradições religiosas, porém profundamente comprometida com Cristo e com o modelo neotestamentário.

Nessa fase, estabeleci uma conexão com a família Walker. Em determinado encontro, conheci Christopher Walker e senti uma profunda identificação com ele. Christopher era um pensador envolvente, tinha uma natureza gentil, introvertida e altamente reflexiva. Por intermédio dele, tive a oportunidade de conhecer toda a família: seu pai, John Walker, e seus irmãos, Robert, Peter e Harold. Eles residiam em Rubiataba, localizada a cerca de duzentos quilômetros de Goiânia.

John Walker, em particular, era um homem apaixonado pelo Evangelho e tinha uma fé impressionante. Sua profunda compreensão das Escrituras e sua ênfase na igreja do Novo Testamento e na manifestação sobrenatural do Espírito Santo eram inspiradoras. Testemunhar seu estilo de vida impactante tocou-me profundamente. Com isso em mente, decidimos que, após meu casamento com Lúcia, planejaríamos um período de formação e estudo

> *Nasceu em nosso coração a convicção de que um novo modelo de igreja estava prestes a emergir.*

bíblico junto à família Walker. Nessa época, eu ainda estava matriculado no curso de Física na UFGO, o que significava embarcar, duas vezes por semana, em um ônibus às 5 horas da manhã para frequentar as aulas na capital.

Por meio de um profundo senso de comunhão, oração e estudo bíblico, nasceu em nosso coração a convicção de que um novo modelo de igreja estava prestes a emergir. Nossa visão era criar uma igreja apostólica, fundamentada nos ensinamentos da Palavra, em que a ênfase recairia sobre os membros como o centro de todas as ações. Essa temporada de crescimento e aprendizado se estendeu ao longo de aproximadamente seis meses, até que, impulsionados por uma palavra profética do

A minha experiência

Pastor Adiel de Almeida, retornamos a Goiânia e inauguramos as atividades da Comunidade Evangélica de Goiânia.

Pouco tempo depois, no ano de 1979, iniciamos os Encontros de Fé e Louvor na Chácara Buriti, localizada em Goiânia. Essas reuniões, ao longo dos anos seguintes, atraíram pessoas de diversas partes do Brasil e estabeleceram vínculos de amizade e comunhão com outras comunidades que também estavam florescendo, tais como a Comunidade de Porto Alegre, liderada por Asaph Borba. Além disso, muitos outros dedicados pastores participaram, inclusive Moisés Cavalheiro, Erasmo, João de Souza, entre outros. Também estabelecemos conexões com a Comunidade da Graça, em São Paulo, liderada pelo Pastor Carlos Alberto Bezerra e seus colaboradores.

Anos mais tarde, os Encontros de Fé e Louvor foram levados a Brasília, uma decisão guiada tanto pela orientação divina que permeava meu coração quanto pelas vantajosas estruturas que a capital federal oferecia para grandes eventos, que superava Goiânia em diversos aspectos. Por causa dos Encontros de Fé e Louvor, fui procurado pelo então governador do Distrito Federal, Joaquim Roriz. Ele fez um pedido especial: que nós recebêssemos o presidente da República, José Sarney, que assumira o cargo após o falecimento de Tancredo Neves. Nesse ponto, já estávamos acomodados no maior ginásio da região, o Ginásio Nilson Nelson, e esses eventos atraíam milhares de pessoas provenientes de diversas partes do Brasil e de variadas denominações. Assim, em 1987, recebemos o então presidente do país em nosso Encontro. O resultado foi uma ampla cobertura midiática.

Sangue, suor e lágrimas

Durante esse período, diversas igrejas floresceram por todo o território brasileiro e uniram-se sob uma "cobertura espiritual" que se estendeu até 1994, quando, mediante a orientação divina, fundamos o Ministério Sara Nossa Terra. Essa igreja compartilha da mesma visão de comunidade baseada no modelo do Novo Testamento e busca a restauração espiritual por meio de uma liderança apostólica centralizada.

A Comunidade Evangélica tornou-se conhecida e influente em todo o país, o que repercutiu sobre o movimento de reformulação das igrejas brasileiras como um todo. Questões que antes geravam conflito para a nova geração — como o uso de hinos tradicionais dos hinários, a ausência de instrumentos musicais nas cerimônias, a centralização de todas as funções pastorais em um único líder, a limitação do papel da mulher no ministério, bem como a falta de entendimento acerca da batalha espiritual e da cura interior — ganharam dimensões vastas e inimagináveis por todo o território nacional, desencadeando uma verdadeira revolução no âmbito eclesiástico.

Esse cenário abriu espaço para muitas novas igrejas que adotaram o formato das Comunidades Evangélicas e foram alimentadas pelas reuniões em Brasília, que, por sua vez, disseminavam-se por todo o país. Comunidades como a de Porto Alegre, a Comunidade da Graça em São Paulo e a Comunicação e Missão Cristã em Bauru, sob a liderança do Pastor Abílio Chagas, entre outras, realizavam eventos convidando diversos pregadores internacionais que buscavam a mesma realidade que vivíamos.

Sara Nossa Terra

A fundação da Comunidade Sara Nossa Terra marcou um passo adicional em nossa busca pelo modelo de igreja delineado no Novo Testamento. Conforme mencionei, após enfrentarmos desafios culturais onde congregávamos, sentimos a necessidade de nos alinhar mais profundamente com o anseio que o Senhor havia colocado em nosso coração. Em nossas reuniões, em que os louvores, cânticos espirituais e adoração se estendiam por horas, vivenciamos momentos de plenitude e poderosas manifestações da presença de Deus. Testemunhamos palavras reveladoras e vidas sendo transformadas, como se estivéssemos de fato adentrando a Terra Prometida.

No entanto, à medida que o tempo avançava, desafios surgiram, sobretudo os de natureza administrativa e financeira. Parecia que estávamos revivendo a narrativa do livro de Atos, na qual havia murmuração em relação à "distribuição diária" negligenciada às viúvas (cf. Atos 4.34-35), o que culminou na designação de diáconos. Percebi, então, que era imprescindível estabelecer uma estrutura que se encaixasse de forma integral na nossa realidade.

Ao me aprofundar em estudos mais minuciosos, descobri que a igreja apostólica neotestamentária também adotava uma centralização administrativa e financeira. Encontrei nas Escrituras referências à venda de propriedades e à entrega dos recursos aos apóstolos (cf. Atos 4.34-35). Percebi, assim, que a natureza apostólica da igreja não estava restrita somente às esferas doutrinárias e espirituais, mas também abrangia a gestão administrativa e financeira. Com essa nova percepção, no

Sangue, suor e lágrimas

ano de 1994, Lúcia, já como minha esposa, e eu desafiamos as lideranças das comunidades às quais orientávamos e que desejavam se unir a nós a abraçarem plenamente o modelo da igreja apostólica tanto nas dimensões espirituais quanto nas questões administrativas e financeiras, seguindo o paradigma registrado no livro de Atos.

O que o Senhor começou nesse período foi, realmente, impressionante! Ao longo das décadas seguintes, uma multiplicidade de novas comunidades e igrejas emergiram por todo o Brasil, resultando em um crescimento notável nas estatísticas de evangelização no país. Segundo o último censo do IBGE, a proporção da população brasileira que se identifica como evangélica saltou de 6,6% na década de 1980 para 22,2% em 2010. Hoje, em 2023, estima-se que a proporção é muito maior! A essência evangelística do renascimento religioso no Brasil é indiscutível. A pesquisa Global Religion, feita em 2023, aponta que na nossa nação 89% da população acredita na existência de Deus. Representamos o fruto desse movimento de renovação, uma geração formada a partir de uma busca profunda pela presença divina em nosso coração.

Capítulo 3

Avivamentos que preservaram a essência da verdadeira fé

Tanto a Argentina quanto o Brasil, no último século, foram palco de um notável despertar espiritual cujas reverberações ecoaram nas estruturas eclesiásticas de ambas as nações. A transformação das práticas religiosas e a vivência da fé foram profundamente influenciadas por esse período de renovação espiritual. No entanto, para compreender plenamente a magnitude dessas mudanças, é importante voltarmos nosso olhar para as raízes desse movimento revolucionário e investigarmos os avivamentos que o antecederam em várias partes do mundo.

À medida que nos lançamos nessa exploração histórica, somos conduzidos a uma perspectiva global de renovação espiritual, na qual eventos como os avivamentos no País de Gales, o impacto transformador da Rua Azusa, o derramamento da Chuva Serôdia e as mudanças na China desempenharam papéis cruciais. Este capítulo marca o início da nossa jornada em busca de uma compreensão mais profunda dos avivamentos

Sangue, suor e lágrimas

que moldaram o nosso cenário eclesiástico. A cada passo, ficará claro como contribuíram significativamente para a transformação imensurável da realidade da Igreja.

AVIVAMENTO DO PAÍS DE GALES

O País de Gales, situado no Reino Unido, teve um dos mais notáveis avivamentos da história. Durante o período de 1904 a 1905, uma poderosa chama espiritual varreu a nação galesa e transformou vidas, comunidades e igrejas, o que reverberou não apenas localmente, mas também em outras partes do mundo, renovando a fé de muitos cristãos.

Esse avivamento foi caracterizado por uma profunda manifestação do Espírito Santo, uma busca intensa pela santidade e um fervor renovado na adoração ao Senhor. O movimento teve início em Loughor, uma pequena cidade ao sul do país, quando um jovem chamado Evan Roberts sentiu o chamado de Deus para buscá-lO com mais intensidade e compromisso. A partir disso, ele experimentou um encontro pessoal e transformador com o Espírito Santo, o que o levou a uma vida de constante oração. Ele sentia que o Pai convocava a nação a se arrepender e buscar sinceramente a Sua presença. Ao compartilhar essa mensagem nas igrejas locais, Roberts passou a atrair grandes multidões famintas por uma autêntica experiência com o Rei dos Reis.

O avivamento se espalhou rapidamente pelo país e reuniões espirituais começaram a acontecer em vários locais e atraíram milhares de pessoas sedentas pelo Espírito Santo, que

Se movia de forma poderosa e levava muitas ao arrependimento, à confissão de pecados e à entrega completa da sua vida a Cristo. Um aspecto marcante desse despertar espiritual foi a ênfase na oração fervorosa. As reuniões eram marcadas por longos períodos de oração e adoração, e todos buscavam a presença do Senhor com fervor. O Espírito Santo enchia as igrejas e lugares de encontro, de tal forma que levou muitos a experimentar curas, libertações e batismo com fogo.

A sociedade em geral também foi impactada. Crimes diminuíram significativamente, prisões ficaram vazias, cortes tiveram menos casos para julgar, membros das igrejas foram fortalecidos e líderes de congregações foram avivados em sua fé e seu compromisso com Deus. O amor ao próximo e a compaixão pelos necessitados foram despertados no coração das pessoas, o que resultou em ações práticas de ajuda e serviço aos menos favorecidos. Um desejo fervoroso de estudar as Escrituras e buscar a direção de Deus tomou conta de todos. Muitos jovens foram chamados ao ministério e enviados para evangelizar em diferentes partes do mundo.

> *As reuniões eram marcadas por longos períodos de oração e adoração, e todos buscavam a presença do Senhor com fervor.*

AVIVAMENTO DA RUA AZUZA

Fui a Burbank Hall, a Igreja do Novo Testamento, no domingo de manhã, 15 de abril. Uma irmã estava lá e falava em "línguas". Isso criou uma grande agitação. As pessoas se reuniram em pequenos grupos na calçada após o culto e perguntavam o que isso poderia significar. Pareciam "sinais" pentecostais.

Soubemos, então, que o Espírito havia visitado algumas noites antes, 9 de abril, a pequena cabana na rua Bonnie Brae. Eles vinham esperando ansiosamente havia algum tempo por um derramamento. Um punhado de santos esperava por isso lá diariamente [...]

Fui à reunião de Bonnie Brae à tarde e presenciei Deus trabalhando poderosamente. Estávamos orando por muitos meses por vitória. Jesus estava agora "apresentando-se vivo" novamente para muitos. Os pioneiros haviam rompido, para que a multidão os seguisse. Houve um espírito geral de humildade manifestado na reunião. Eles foram levados a Deus.[1]

Frank Bartleman presenciou os primeiros indícios do movimento da Rua Azusa, que ocorreu em Los Angeles, Califórnia, entre 1906 e 1909. O período é amplamente reconhecido como uma virada de chave, pois introduziu uma nova dimensão de experiências espirituais e enfatizou os dons do Espírito Santo. Durante muito tempo, cristãos haviam fundamentado sua fé sobretudo em teoria ou teologia, porém, mais uma vez, Deus

---

[1] Frank Bartleman, *Azusa Street*, 2000, e-book, tradução nossa.

Avivamentos que preservaram a essência da verdadeira fé

desencadeou uma onda de avivamento que restabeleceu a primazia da vivência espiritual.

Esse despertamento teve início em uma época de intensa busca espiritual e expectativa por uma renovação da fé. Charles Parham, pregador batista e fundador da Escola Bíblica Betel, foi um dos líderes influentes no início do movimento. Seus ensinamentos sobre o batismo no Espírito Santo e a evidência de falar em línguas foram a base teológica do avivamento começou a se formar.

O epicentro foi a missão da Rua Azusa, liderada por William J. Seymour, um pregador afro-americano, descendente de escravos e cego de um olho. O local ficou conhecido por suas reuniões carismáticas, em que homens e mulheres de diferentes raças e origens sociais se reuniam para buscar a manifestação do Espírito Santo. Essas reuniões caracterizavam-se por cânticos, orações fervorosas, profecias, curas e o falar em línguas.

William Seymour já tinha o costume de dedicar aproximadamente cinco horas por dia à oração no período em que trabalhava. Após ficar desempregado, intensificou para sete horas diárias. Seu objetivo principal era alcançar a plenitude de Deus em sua vida e buscar o que seu mentor de infância ensinara: "O verdadeiro Espírito Santo é fogo, com línguas, amor e o poder divino, como os apóstolos experimentaram". Seymour, então, inaugurou um encontro de oração em sua residência.

Na época, uma mulher chamada Lucy Farrow, que já havia recebido o batismo no Espírito Santo na cidade de Houston,

Sangue, suor e lágrimas

e o grupo de Seymour reuniu ofertas para levá-la às reuniões. Em 9 de abril de 1906, durante um dos encontros de oração, Lucy intercedeu por Edward Lee, um dos participantes. Enquanto ela orava, ele desabou no chão e passou a falar em línguas desconhecidas. Na mesma noite, a maioria das pessoas presentes também começou a falar em línguas de forma sobrenatural. Uma delas foi Jeannie Moore, uma jovem que mais tarde se tornaria a esposa do Pastor William Seymour. Ela falou em línguas e, mesmo sem nunca ter aprendido a tocar piano, sentou-se ao instrumento e começou a tocar e cantar louvores de maneira surpreendente.

Apesar de Seymour ter se entregado à oração intensa por sete horas diárias e de estar totalmente dedicado a vivenciar uma experiência sobrenatural com Deus, ele ainda não havia sido batizado no Espírito Santo. No entanto, isso logo mudaria, pois ele também recebeu o batismo. Seu desejo insaciável por um mover espiritual somente continuou a crescer.

Chegou um ponto em que a residência na Rua Bonnie Brae não era mais suficiente para acomodar a todos, resultando em sua decisão de transferirem-se para a Rua Azusa. Uma testemunha descreveu:

> Eles gritaram por três dias e três noites. Era época de Páscoa. Pessoas vieram de toda parte. Na manhã seguinte, não era mais possível chegar perto da casa. Conforme entravam, as pessoas caíam sob o poder de Deus; toda a cidade estava agitada. Gritaram até a fundação da casa ceder, mas ninguém se machucou. Durante esses três dias,

Avivamentos que preservaram a essência da verdadeira fé

muitos receberam o batismo. Doentes foram curados e pecadores foram salvos assim que entraram na casa.[2]

William Seymour e seu grupo de oração encontraram um local maior para suas reuniões: um antigo prédio na Rua Azusa, nº 312, que fora uma igreja metodista episcopal no passado, mas se tornou um edifício abandonado após um incêndio e passou a ser usado como estábulo e depósito. Com apenas duas caixas de madeira como púlpito e bancos de tábua, realizaram o primeiro culto em 14 de abril de 1906, apenas cinco dias após a visita do Espírito Santo na Rua Bonnie Brae.

A partir desse momento, o avivamento começou a se difundir e a atrair um número crescente de pessoas. O modesto edifício se transformou no epicentro de um movimento impactante, no qual indivíduos de diversas origens e etnias congregavam com o propósito de buscar a presença divina e experimentar os dons do Espírito Santo. O avivamento da Rua Azusa tem como característica uma profunda manifestação do poder de Deus, expressa por meio de adoração extasiada, glossolalia, curas miraculosas e uma renovada dedicação à santidade. Esse movimento deixou uma marca significativa no cristianismo e deu início ao pentecostalismo moderno.

Desafiando as normas religiosas da época, essas reuniões promoveram a igualdade racial e a unidade entre os cristãos. Pessoas de diferentes origens e denominações se uniram em adoração e colocaram de lado barreiras culturais e sociais. O

---

[2] Eddie Hyatt, *Fire on the Earth*, 2006, p.5, tradução nossa.

Espírito Santo operava poderosamente, transformava vidas e abria portas para um novo entendimento da obra de Deus. Seu impacto se estendeu além das fronteiras dos Estados Unidos e promoveu em todo o mundo o nascimento de comunidades carismáticas como a Assembleia de Deus.

Outro aspecto importante é a influência no movimento missionário. O fervor missionário nutrido pelos participantes desse avivamento causou um crescimento significativo do pentecostalismo em múltiplas partes do mundo. Pessoas foram enviadas a outras nações para difundir a mensagem e estabelecer comunidades pentecostais. O legado que deixaram perdura até os dias atuais hoje e estimula cristãos a buscarem um relacionamento profundo com Deus e a se entregarem à ação do Espírito Santo.

Esse despertamento é uma poderosa lembrança de como o Senhor pode usar pessoas comuns e lugares improváveis para desencadear um poderoso derramamento de Seu poder. A fome e a busca de William Seymour por mais de Deus foram fundamentais para desencadear transformação na vida de tantas pessoas. Apesar disso, o movimento enfrentou críticas e desafios. Alguns questionaram, por exemplo, a ênfase excessiva nos dons espirituais e as práticas carismáticas que rompiam com a tradição cristã dominante da época. No entanto, o impacto duradouro e a importância histórica da Rua Azusa são inegáveis.

A Assembleia de Deus (1910)

O início do movimento pentecostal brasileiro remonta às primeiras décadas do século XX, com a chegada de missionários estrangeiros que pregaram sobre o poder do Espírito Santo. A igreja Assembleia de Deus, no Brasil, tem suas raízes nas experiências ocorridas na Rua Azusa, em Los Angeles, nos Estados Unidos.

Seus fundadores, Daniel Berg e Gunnar Vingren, foram impactados por esse avivamento e trouxeram a mensagem pentecostal para o país. Imigrantes suecos nos Estados Unidos, em 1909, eles receberam o batismo no Espírito Santo, apesar de frequentarem uma igreja batista tradicional que não cria nos dons. Em 1910, Vingren assumiu o pastorado de uma congregação batista sueca em South Bend e, durante o período em que estavam lá, ouviram uma declaração profética que repetia a palavra "Pará".

A palavra foi interpretada como uma direção divina para que fossem a um lugar com esse nome em algum ponto do mundo. Sem certeza sobre a localização precisa, pesquisaram na Biblioteca Pública de Chicago, onde descobriram que existia uma província denominada Pará no norte do Brasil. Intrigados com a descoberta, Daniel Berg e Gunnar Vingren decidiram seguir o chamado divino e viajaram para as terras brasileiras em 1910. Estabeleceram a primeira Assembleia de Deus em Belém, capital do Estado do Pará, a qual rapidamente ganhou seguidores e se espalhou por todo o território nacional, tornando-se uma das denominações pentecostais mais influentes no Brasil e no mundo.

A igreja cresceu com foco na evangelização e no trabalho missionário, de tal forma que alcançou tanto áreas urbanas quanto rurais. Ainda hoje uma das características distintivas dos assembleianos é a ênfase na experiência pessoal do batismo no Espírito Santo e nos dons espirituais. Os cultos são marcados pela busca fervorosa pela presença do Senhor, com momentos de louvor, adoração, oração e manifestações sobrenaturais. Também há ênfase na importância da santificação, da vida de oração e do estudo da Bíblia.

Ao longo dos anos, a Assembleia de Deus se expandiu por todo o país, estabeleceu-se como uma das maiores denominações religiosas e desempenhou um papel significativo na formação do cenário religioso e político brasileiro. Muitos líderes do governo e figuras influentes têm vínculos com ela, que exerce influência marcante na cultura e na sociedade.

MOVIMENTO CHUVA SERÔDIA

O movimento iniciado em 1948, em uma província do Canadá, foi marcado por grande expectativa pela volta iminente de Jesus, entusiasmo pela presença de Deus e zelo pelo sobrenatural. Além disso, também representou uma ruptura com a organização religiosa formal. Era a época do pós-guerra e, com todas as implicações, os cristãos viviam um período de sequidão espiritual e ansiavam por uma nova visitação de Deus. George Hawtin, pastor das Assembleias pentecostais do Canadá, fundou um Instituto Bíblico em 1935, que se tornou ponto central nas origens do Chuva Serôdia.

Hawtin e outros membros da administração do Instituto se uniram a Herrick Holt, que dirigia de forma independente

Avivamentos que preservaram a essência da verdadeira fé

um trabalho chamado Orfanato e Escolas Sharon. Diversas pessoas de North Battleford participaram da campanha liderada por William Branham, com a qual ficaram profundamente impressionados devido às manifestações sobrenaturais nas reuniões. O período foi caracterizado pela prática da imposição de mãos, influência do modelo de governança local adotado pelas Assembleias de Deus independentes suecas e pela difusão do livro *Atomic power with God, thru fasting and prayer* (em português, "Poder atômico com Deus, por meio de jejum e oração"), de Franklin Hall, que traz ensinamentos sobre os métodos e benefícios do jejum.

Durante as reuniões de oração no Instituto, um poderoso mover do Espírito Santo se manifestava. As pessoas eram tomadas pela presença divina, falavam em línguas desconhecidas, testemunhavam curas milagrosas e experimentavam uma profunda comunhão com o Senhor. A atmosfera era de quebrantamento e desejo por uma maior manifestação do poder do Pai. A mensagem central era a busca por renovação espiritual e pela experiência do derramamento do Espírito Santo, como descrito nas profecias bíblicas, especialmente em Joel 2.28-29:

> *As pessoas eram tomadas pela presença divina, falavam em línguas desconhecidas, testemunhavam curas milagrosas e experimentavam uma profunda comunhão com o Senhor.*

> *E acontecerá, depois disso, que derramarei o meu Espírito sobre toda a humanidade. Os filhos e as filhas de vocês*

profetizarão, os seus velhos sonharão, e os seus jovens terão visões. Até sobre os servos e sobre as servas derramarei o meu Espírito naqueles dias.

Esse movimento se propagou e ficou cada vez mais forte, sobretudo devido às profecias que apontavam para um avivamento antes da segunda vinda de Jesus Cristo. Tal renascimento espiritual era comparado às chuvas temporãs, que preparavam a terra para a primeira colheita na antiga agricultura de Israel, conforme mencionado em Joel 2.23. O Reverendo Myrtle D. Beall, de Detroit, com diversos outros pregadores, proclamava que esse avivamento antecipava a chegada de Cristo e declarava que a chuva serôdia estava presente.[3]

Os eventos avivalistas se estruturaram em forma de igrejas renovadas, e culminaram na Igreja do Evangelho Quadrangular e em outras congregações similares. Embora nem tudo tenha se cumprido conforme predito, o Chuva Serôdia teve impacto duradouro e influenciou o desenvolvimento do movimento carismático nas décadas seguintes. Suas ideias e práticas influenciaram a teologia e a espiritualidade cristãs. Muitas das expressões contemporâneas de renovação espiritual têm raízes nesse movimento, mesmo que de forma indireta.

Esse avivamento reverberou de maneira marcante, acompanhado de relatos de curas, libertações e manifestações de dons do Espírito Santo. A revista The Sharon Star desempenhou um

---

[3] N. E.: chuvas temporãs referem-se às precipitações que ocorrem no início da estação chuvosa, enquanto chuvas serôdias ocorrem no final dessa estação.

papel crucial ao disseminar esses acontecimentos e levou pessoas de várias partes a participarem das reuniões e do acampamento realizado em Sharon.

O nome Chuva Serôdia foi adotado com base na crença de que ele representava o cumprimento da chuva serôdia mencionada nas profecias bíblicas — sinal antecedente à volta de Jesus. Traçar uma sequência temporal da expansão desse movimento é complexo, visto que novos eventos e indivíduos que experimentavam a manifestação singular do Senhor contribuíram para seu desenvolvimento.

Seria impossível enumerar todos os pastores e líderes que floresceram nesse período, direta ou indiretamente, sob a influência do movimento Chuva Serôdia, que transcendeu as fronteiras dos Estados Unidos e irradiou para diversas nações. Entre as figuras notáveis que o propagaram estão Aimee McPherson, William Branham, Oral Roberts, John Regan, T. L. Osborn, Jimmy Swaggart, Robert Schuller, Kenneth Copeland, James Robison, Kenneth Hagin, e muitos outros líderes proeminentes. É igualmente relevante destacar a importância do Chuva Serôdia no desenvolvimento de instituições como a Adhonep, Jesus People e outras entidades.

A experiência avivalista expandiu-se para outras localidades, inclusive Vancouver, Detroit, Portland, Lima e Los Angeles, onde polos cruciais do movimento foram estabelecidos. Muitas das igrejas originadas do Chuva Serôdia tornaram-se independentes e desempenharam um papel significativo na propagação dessa mensagem.

Aimee McPherson (1890-1944)

Fundadora da Igreja do Evangelho Quadrangular, Aimee McPherson ganhou notoriedade com um programa de rádio e ministrações em locais públicos, nos quais usava um caixote como púlpito improvisado. Profundamente conduzida pelo poder divino para realizar curas e milagres, suas mensagens atingiam o âmago das pessoas. A influência de Aimee foi vivenciada pelo Dr. B. C. Miller, líder de uma igreja batista em Ashland, Oregon, e pai do Pastor Edward Miller — quem relatou em detalhes toda a experiência da visita de Deus no Instituto Bíblico em City Bell, no qual Aimee foi uma das grandes influências.

Para Miller, uma fase significativa da história argentina tem suas raízes no ministério dela, em um período em que diversos pastores questionavam o poder miraculoso de Jesus Cristo, alegando que os milagres e fenômenos sobrenaturais estavam confinados na época dos apóstolos:

> O ministério dessa mulher profundamente ungida e empoderada demonstrou de maneira inequívoca que o Espírito e o poder de Cristo são tão reais e atuais no século XX quanto foram no primeiro século.[4]

A trajetória de McPherson, conforme Miller enfatiza em *Secrets of argentine revival*, persuadiu numerosos pastores e

---

[4] Edward Miller, *Secrets of the argentine revival*, 1999, e-book, tradução nossa.

Avivamentos que preservaram a essência da verdadeira fé

ministros a reconhecerem que aquele era um tempo de manifestação do poder divino para a cura dos enfermos e o batismo com o Espírito Santo. Esse reconhecimento gerou um efeito transformador e revitalizou muitas igrejas, inclusive a Igreja Batista sob a liderança do Dr. B. C. Miller.

Apesar das polêmicas em torno da sua vida pessoal, como o seu desaparecimento em 1926, e de outros incidentes enigmáticos, Aimee emergiu como uma notável influência para cristãos nos Estados Unidos e em outros países. Seu legado é especialmente marcado pela criação da Igreja do Evangelho Quadrangular, que hoje abarca milhares de templos e cativa milhões de pessoas em todo o mundo.

William Branham (1909-1965)

Seguindo a mesma trilha de crença, não podemos omitir a história de William Branham, pregador de fé notável que foi canal divino para a manifestação de inúmeros milagres — muitas vezes testemunhados por todo o público presente em suas reuniões. Infelizmente, Branham adotou uma doutrina que o considerava o "Elias das últimas horas" destinado a anteceder a segunda vinda de Jesus Cristo. Essa abordagem lançou uma sombra sobre seu ministério nos últimos momentos de sua vida.

Jesus People

Nos anos 1960 e 1970, surgiu um movimento avivalista nos Estados Unidos que desafiava as normas culturais da época. Esse avivamento, conhecido como Jesus People, enfatizava a busca por um encontro pessoal com Jesus Cristo e atraía especialmente os jovens desiludidos com a sociedade.

A música desempenhou um papel vital nesse contexto. A combinanção de elementos de rock, *folk* e gospel foi usado para alcançar o coração dos jovens e comunicar a mensagem do Evangelho de forma envolvente. Os adeptos do Jesus People formaram comunidades de fé e proporcionaram um ambiente de apoio mútuo no qual os recém-convertidos poderiam amadurecer espiritualmente. Uma das principais abordagens desse movimento foi o evangelismo de rua, que utilizava abordagens criativas e linguagem contemporânea para criar conexão com os jovens.

No Brasil

Em solo brasileiro, esse movimento avivalista foi introduzido por evangelistas como Robert William Macalister, que mais tarde fundou a Igreja de Nova Vida, da qual originaram-se a Igreja Vida Nova e outras denominações. É crucial salientar que, da igreja de Arold Williams (Igreja de Nova Vida do Rio de Janeiro), emergiram líderes que iniciaram seus próprios ministérios, tais como o Bispo Edir Macedo, fundador da Igreja Universal do Reino de Deus, e o missionário R. R. Soares, criador da Igreja Internacional da Graça de Deus. Essa dinâmica também resultou no surgimento de igrejas renovadas, inclusive a Batista Renovada, Metodista Wesleyana, Presbiteriana Renovada, entre outras.

Avivamentos que preservaram a essência da verdadeira fé

Uma figura que também desempenhou um papel importante nesse movimento foi o Pastor Adiel de Almeida, de Ribeirão Preto, São Paulo. Além de advogado, pregador e intérprete, ele foi o fundador da Igreja Apostólica do Senhor. Por intermédio de suas conferências, proporcionou espaço para outro influente avivalista norte-americano, John Robert Stevens.

Manoel de Mello

O missionário Manoel de Mello foi uma das figuras centrais no desenvolvimento do pentecostalismo no Brasil. Fundador da Igreja Evangélica Pentecostal O Brasil para Cristo, dedicou sua vida à pregação do Evangelho. Sua história é marcada por milagres e perseguições.

Em 1955, foi ordenado ministro pela International Church of the Foursquare Gospel, nos Estados Unidos. No ano seguinte, Mello teve uma visão de Deus que o comissionou a iniciar uma nova obra que ficou conhecida como O Brasil para Cristo. Ele começou um programa de rádio intitulado A voz do Brasil para Cristo, por intermédio do qual, ele se tornou um dos maiores líderes do pentecostalismo brasileiro, reuniu multidões em suas campanhas e impulsionou o crescimento da igreja.

No entanto, sua influência e popularidade também trouxeram desafios. Mello enfrentou acusações de curandeirismo e charlatanismo, além de denúncias de abusos e injustiças. Sofreu perseguição do regime militar da época, foi preso 27 vezes e muitos de seus tabernáculos e tendas foram queimados.

Watchman Nee

A história de Watchman Nee é, sem dúvidas, uma narrativa emocionante, marcada por fé e entrega ao serviço cristão. Nascido em 1903 na cidade de Foochow, na China, Nee se converteu ao cristianismo na adolescência, quando tinha apenas 17 anos. Essa experiência profunda inflamou em seu coração uma paixão ardente pelo Evangelho e um compromisso inabalável com a Palavra de Deus que o levou a dedicar-se inteiramente à pregação, ao ensino e ao discipulado.

Ao longo de sua vida, desempenhou um papel fundamental no crescimento e fortalecimento da Igreja em seu país. Como criador do movimento de congregações domiciliares, Nee abriu caminho para a estruturação da igreja chinesa contemporânea. Adaptado à cultura local, na qual as reuniões em templos estavam restritas, empenhou-se para moldar a igreja de acordo com os princípios delineados no Novo Testamento. Sua visão consistia em estabelecer congregações locais em cada cidade, conforme a orientação dos primeiros seguidores de Cristo. Além disso, nutria a crença no ministério recíproco entre os crentes, promovendo a participação ativa de todos os membros na vida da comunidade, sem relegar tal responsabilidade apenas aos pastores "profissionais" remunerados.

Nee ganhou reconhecimento por sua coragem ao optar por permanecer com seu povo na China durante tempos tumultuados, enquanto muitos buscaram exílio no exterior. Suportou consideráveis adversidades durante a Revolução Cultural liderada por Mao Tsé-Tung e, tragicamente, faleceu na prisão

Avivamentos que preservaram a essência da verdadeira fé

em 1976. Para além de sua dedicação notável, contribuiu de maneira extraordinária para o crescimento da Igreja por meio de suas obras escritas. Seus livros, sermões e ensinamentos aprofundam a compreensão da vida eclesiástica e inspiram inúmeros indivíduos a buscar um relacionamento íntimo com Deus.

A trajetória e o legado desse homem também exerceram um impacto marcante na evolução das comunidades no Brasil. Seu ensino e exemplo de vida deixaram uma marca indelével em líderes e membros de igrejas que ansiavam por uma compreensão mais profunda da fé cristã e um compromisso apaixonado com o serviço divino. A história de Watchman Nee permanece como um testemunho vivo de dedicação e amor inabaláveis à causa do Evangelho.

Parte 2

O INÍCIO DE TUDO

Capítulo 4
As emanações de Deus e a essência do cristianismo

Embarcar na jornada da história da Igreja vitoriosa e dos avivamentos é uma experiência profundamente inspiradora que nos permite imergir nas vivências de homens e mulheres que enfrentaram desafios inenarráveis, mas mantiveram-se firmes em sua fé e devoção a Deus. Todavia, antes de seguirmos conhecendo essas narrativas, é crucial retrocedermos até as raízes da própria Criação. Por isso, nesta segunda parte do livro, mergulharemos fundo no início de tudo. Para transcender a mera cronologia, convido você a meditar sobre a presença contínua e intencional do Espírito Santo desde o instante em que o primeiro sopro de vida foi insuflado no ser humano.

AS EMANAÇÕES DE DEUS

Em momentos de crise, é comum nos fazermos questionamentos como: "Por que eu?", "Por que isso está acontecendo comigo?", "Qual é o propósito disso?", "O que isso significa?". Costumo dizer que identificar a pergunta adequada é mais

Sangue, suor e lágrimas

importante que buscar a resposta correta. Esta geração está repleta de pessoas que se indagam sobre o futuro que se desenha à sua frente e sobre como trilharão esse trajeto. No entanto, é notável que muitos negligenciam a reflexão acerca da nossa origem — as bases que nos sustentam e as forças que têm impulsionado a humanidade até o ponto em que estamos hoje.

Muitos são os pontos de vista. Por exemplo, as Leis de Newton moldaram a Ciência moderna, a Física e a Matemática, além de terem nos possibilitado a facilidade de locomoção em carros com motores potentes, aviões etc. Há mais: Newton[1] também nos viabilizou compreender o movimento heliocêntrico da Terra e o sistema solar como um todo. Copérnico[2], por sua vez, provou matematicamente todo processo heliocêntrico de que a Terra gira em torno do Sol, bem como a sua forma esférica. Outras descobertas nos séculos recentes mudaram nossa civilização.

Entretanto, as engrenagens que deram forma ao Universo não surgiram a partir das descobertas científicas; na verdade, esses mecanismos são as origens de tais transformações. O que verdadeiramente esculpiu o nosso mundo são as cinco poderosas forças que desvelaremos: as três emanações divinas

---

[1]   N. E.: Isaac Newton (1643-1727) foi um autor inglês que desempenhou papéis significativos como matemático, físico, astrônomo e teólogo. É amplamente celebrado como um dos cientistas mais impactantes da história e uma figura central na transformação da Revolução Científica.

[2]   N. E.: Nicolau Copérnico (1473-1543) foi um matemático e astrônomo polonês responsável por elaborar a teoria heliocêntrica do Sistema Solar.

(o *neshamah*, o Espírito Santo e o poder do nome de Jesus), a Bíblia e a Igreja do Senhor. Essas forças impulsionam a trajetória da humanidade desde o início. Como presentes preciosos, elas foram conferidas ao homem por Deus.

A primeira emanação surgiu na criação da alma de Adão, evento que revela uma sutileza notável e elevou o ser humano de seu estado hominídeo a uma nova essência — o ser humano à imagem divina. O termo "humano moderno" é reservado à espécie *homo sapiens sapiens*, a única subespécie sobrevivente do *homo sapiens*. Outras subespécies conhecidas, como a *homo sapiens idaltu*, a *homo neanderthalensis* e muitas outras, desapareceram há milênios.

Gerald Schroeder, no livro *O gênesis e o Big Bang*, explora a evolução do *homo sapiens*, que começou a percorrer a Terra cerca de 300 mil anos atrás (segundo nossa moldura temporal), antes do surgimento da verdadeira humanidade. Ele nota que, cerca de 100 mil anos atrás, os neandertais começaram a mostrar sinais de como enterrar os mortos. Com o decorrer do tempo, tanto os fósseis dessa espécie quanto os do homem de Cro-Magnon[3] começaram a assemelhar-se cada vez mais, em forma, aos seres humanos de hoje. Apesar disso, Schroeder afirma que nem os *neandertais* nem homens de Cro-Magnon evoluíram para a espécie humana que conhecemos. Referindo-se a Maimônides e Nahmanides, ele descreve três

---

[3] N. E.: o homem de Cro-Magnon foi um dos primeiros da espécie *homo* sapiens que ocupou o continente europeu. Esses seres entraram em contato com *hominídeos* como os *neandertais* e ocuparam regiões da França e da Espanha.

estágios no desenvolvimento de Adão: inicialmente, matéria inerte representada pelo pó; depois, uma estrutura quase humana; por fim, a elevação ao estado humano com *neshamah*, permitindo um desenvolvimento intelectual semelhante ao Criador. Essa ideia é fundamentada na teologia judaica, que enfatiza a imagem e semelhança baseadas em consciência, imaginação e intelectualidade, também rejeita um Deus corpóreo. Além disso, essa visão se conecta à noção de campos mórficos[4] para a interação de informações no Universo.

A segunda emanação foi o derramamento do Espírito Santo, relatado em Atos 2. Esse evento trouxe consigo a presença de Deus de volta aos homens e ao mundo. Embora haja um consenso sobre a manifestação da presença d'Ele na natureza — chamada pelos teólogos de revelação natural —, para os judeus, o Senhor continua escondido. Para nós, cristãos, Ele foi revelado em Jesus e ainda Se faz presente em nosso meio e em nós por meio do Espírito Santo. É fantástico!

A terceira consistiu na revelação do poder contido no nome de Jesus, trazida à luz por intermédio do ser humano. Estes versículos inscrevem esse marcante momento na linha da História: "E tudo o que vocês pedirem em meu nome, isso farei, a fim de que o Pai seja glorificado no Filho" (João 14.13); "Jesus, aproximando-se, falou-lhes, dizendo: Toda a autoridade me foi dada no céu e na terra" (Mateus 28.18). No entanto,

---

[4] N. E.: campos mórficos são hipotéticas estruturas de influência não física propostas pelo biólogo Rupert Sheldrake, que supostamente moldam padrões e comportamentos em sistemas biológicos e sociais por meio de uma espécie de memória coletiva.

As emanações de Deus e a essência do cristianismo

apenas em um estágio posterior a humanidade reconheceu esse poder e começou a usufruir plenamente dele.

Vamos explorar com maior profundidade essas emanações divinas, que também poderiam ser denominadas "derramamentos" ou "compartilhamentos" de Deus.

Neshamah

Deus emanou-Se sobre a humanidade, conferindo-nos uma distinção única em relação aos demais seres vivos. Essa é minha conclusão após uma imersão profunda nos processos científicos e um extenso estudo das Escrituras. A primeira emanação está descrita nos capítulos iniciais de Gênesis, na Bíblia. Nesse momento, o mundo já existia e a criação do ser humano tal como o conhecemos estava prestes a se concretizar. O professor Geraldo Schroeder, em nosso livro conjunto chamado *Comentários científicos de Gênesis*, trouxe um conceito de alma e espírito na formação de Adão e Eva muito interessante — *nephesh* e *neshamah*.

> *E Deus disse:* — *Façamos* [asah] *o ser humano à nossa imagem* [tselem], *conforme a nossa semelhança* [demuth]. *Tenha ele domínio* [radah] *sobre os peixes do mar, sobre as aves dos céus, sobre os animais domésticos, sobre toda a terra e sobre todos os animais que rastejam pela terra.* (Gênesis 1.26 – acréscimos nossos)

A expressão "façamos (*asah*) Adão" traz intrinsecamente duas informações cruciais. A palavra *asah* denota a criação de

Sangue, suor e lágrimas

algo a partir de uma base já existente, o que revela que o corpo do homem foi feito por meio de algo que já existia. O verbo "fazer", tanto em hebraico quanto em português, implica um processo que leva tempo, sugerindo que Deus moldou Adão ao longo de um processo natural, em vez de um evento instantâneo.

> *Assim Deus* [Elohim] *criou* [bara] *o ser humano* [adam] *à sua imagem* [tselem], *à imagem de Deus o criou; homem e mulher os criou.* (Gênesis 1.27 – acréscimos nossos)

Bara é o ato de Deus de trazer para o Universo algo novo, físico ou metafísico, a partir do nada. Nesse versículo, diferente do anterior, a palavra empregada, *bara*, conduz-nos à compreensão de que, nesse contexto, o Todo-Poderoso criou Adão de forma pioneira e inédita, a partir do nada.

Contudo, surge a pergunta: como interpretar isso, considerando que Adão já foi mencionado no versículo 26? Uma possível resposta é que, no versículo 27, Deus não originou o corpo físico de Adão, mas sim sua essência mais profunda, sua alma, ou seja, *neshamah* — a dimensão metafísica do ser. O *neshamah* infundiu em Adão a espiritualidade humana, a consciência, a inteligência e a emoção. Esse ato transformou Adão em "o Adão", o ser humano à imagem de Deus, e é por essa razão que foi usada a palavra *bara*.

O final do versículo 27 relata que "homem e mulher os criou", e isso nos ensina algo crucial. Nesse ponto, Adão era, de fato, duas pessoas: Adão macho e Adão fêmea. Aqui, os termos "Adão" ou "ser humano", *adam* em hebraico, referem-se tanto ao homem quanto à mulher. Vemos isso explicitamente em Gênesis 5.2: "Deus os criou homem e mulher, os abençoou e lhes deu o nome de 'ser humano' [Adão], no dia em que foram criados" (acréscimo nosso).

Ambos, o homem e a mulher, receberam a alma humana — *neshamah*. Logo, o Adão retratado em Gênesis 1 não era um homem, mas era duas pessoas intimamente unidas, como se fossem uma. Por essa razão, lemos mais adiante, em Gênesis 2.21, que Deus teve de separá-los no "lado". A palavra hebraica *tsela*, que muitas vezes é traduzida como costela, também significa lado. Essa concepção abrangente da origem do homem e da mulher ressoa de forma harmônica com a narrativa hebraica bíblica.

> *E para todos os animais da terra, todas as aves dos céus e todos os animais que rastejam sobre a terra, em que há fôlego de vida* [chay], *toda erva verde lhes servirá de alimento. E assim aconteceu.* (Gênesis 1.30 – acréscimo nosso)

Chay é a primeira palavra em hebraico citada na Bíblia que denota "vida", e aparece pela primeira vez no versículo 20. Nesse âmbito, Adão também é abarcado. Até esse momento, somente esse termo é usado para expressar vida. A formação da alma humana parece ter sido um processo delicado posterior, elevando o homem da condição de hominídeo à plenitude humana.

> *E formou* [yatsar] *o Senhor* [Yhvh] *Deus* [Elohim] *o homem* [adam] *do pó da terra* [adamah] *e soprou em seus narizes*

[aph] *o fôlego* [neshamah] *da vida* [chay]; *e o homem foi feito alma* [nephesh] *vivente* [chay]. (Gênesis 2.7 – ARC – acréscimos nossos)

Ao examinarmos o texto original em hebraico, constatamos que Deus formou o homem, tornando-o "alma vivente". A palavra utilizada é *nephesh*, que significa "vida" ou "respiro". Por sua vez, o termo *yatsar* é empregado para transmitir a ideia de moldar a partir de uma substância pré-existente. É por esse motivo que os estudos de genomas observam uma notável semelhança entre o genoma humano e o dos animais, uma vez que compartilhamos a mesma origem, emergindo da mesma essência terrena. Essa similaridade é compartilhada por todos os animais, incluindo os símios. A teoria da evolução, em essência, sugere que derivamos de um mesmo material primordial. Os defensores dela simplesmente interpretam essa informação de maneira distinta dos cristãos. A diferença entre nós e os animais reside na esfera cognitiva e espiritual, enquanto o corpo origina-se da mesma fonte. Foi Deus quem trouxe à existência todo ser vivo (*nephesh*).

Como já foi dito, a subespécie *homo sapiens sapiens* é a única que recebeu o sopro da vida, diferente das quatro anteriores. Esses hominídeos, também oriundos do gênero *homo sapiens,* eram seres com atributos biológicos humanos, mas desprovidos do *neshamah.* Eles careciam do componente espiritual e de consciência, não tendo recebido o toque divino interior. Por conseguinte, a Ciência, atualmente, tem identificado ossos e esqueletos de "seres humanos" que habitaram o planeta há

As emanações de Deus e a essência do cristianismo

mais de 150 mil anos. Várias evidências e conclusões atestam a presença de hominídeos datando dessa época.

A teoria de que os hominídeos eram seres com atributos biológicos humanos desprovidos do *neshamah* concilia o conhecimento trazido pela Bíblia com a arqueologia — o descobrimento dos fósseis. Proporciona uma resposta para a antiguidade do ser humano, embora reconheçamos que a explicação não seja absoluta e requeira aprofundamento e análise em todas as suas possibilidades. Assim, compreendemos que a perspectiva judaica e o texto bíblico, por consequência, situam a origem da vida humana a partir do *neshamah*, quando Deus insuflou o sopro da vida em Adão.

Para esquadrinharmos ainda mais esse assunto, é crucial entender que, tanto Gênesis, ao discorrer sobre a narrativa da Criação, quanto o Apocalipse, ao descrever o desfecho dos tempos, não adotam uma abordagem linear. É comum, por exemplo, encararmos o primeiro capítulo de Gênesis como sequencial em relação aos capítulos 2 e 3. Entretanto, defendo a ideia de que o fluxo temporal nos capítulos de 1 a 3 não é linear, e sim fora da ordem cronológica. Após o capítulo 3, que explora a Queda da humanidade, uma descontinuidade se estabelece e gera perturbação no tecido espaço-tempo. A partir desse ponto, é que o tempo assume a trajetória sequencial conforme a conhecemos. Antes da Queda, os dias não exerciam um efeito de corrupção sobre os corpos humanos.

Assim, quando Moisés registrou o início do mundo, ele, na verdade, perpetuou por escrito uma narrativa que, havia séculos, era transmitida oralmente. Depois, Esdras resgatou e restaurou o manuscrito de Moisés, que estava perdido. A trajetória da Bíblia é mais complexa do que podemos imaginar. Trata-se de uma obra histórica e rica que se tornou o livro mais lido e reverenciado de todo o mundo.

Ciência e fé em diálogo

A teoria quântica do início do século passado revolucionou totalmente a física newtoniana, também chamada física clássica. Por meio da compreensão das propriedades e conceitos quânticos, houve um avanço tremendo na descoberta de novas tecnologias, como o celular, o micro-ondas e muito mais. Essa teoria também trouxe-nos o entendimento de que a realidade subatômica se sobrepõe à nossa realidade tangível. Todas essas descobertas são consequências da inteligência da mente

Nenhum outro ser é dotado do mesmo nível de intelectualidade, criatividade e consciência que o homem.

humana, investigativa e inquieta. Nenhum outro ser é dotado do mesmo nível de intelectualidade, criatividade e consciência que o homem.

Minha mente aceita a Ciência muito bem, assim como reconhece que a Bíblia, em sua inerrância, não é abalada por descobertas científicas que desafiam nossa interpretação linear e ingênua das Escrituras. Estamos separados por uma distância temporal significativa dos eventos narrados na Palavra, o que nos impede de fazer declarações categóricas. Um exemplo é a menção do dia e da noite em Gênesis. A tradução menciona

As emanações de Deus e a essência do cristianismo

dia e noite para os primeiros três dias, apesar de o Sol só surgir no quarto dia, conforme o versículo 12.

Sem a luz solar, a noção de tarde e manhã não pode ser sustentada, tampouco a fotossíntese das plantas, que depende da luz solar. Questões como essas são exploradas por algumas pessoas na tentativa de minar a credibilidade da Bíblia; porém, são infrutíferas, pois a Palavra prevalece com força inabalável. Portanto, valorizo imensamente obras como a *Bíblia científica: Gênesis*, produzida pelo professor Schroeder e por mim. Esse trabalho demandou um esforço enorme, mas também rendeu frutos gratificantes ao oferecer uma abordagem ponderada do texto bíblico por meio de explicações embasadas na Ciência contemporânea.

A partir da primeira emanação, o *neshamah*, foi dada ao homem a responsabilidade de cuidar do Éden. Alguns estudiosos sugerem que Adão precisava guardar o Éden da serpente, mas acredito que a incumbência ia além: precisava proteger o jardim de algo ou alguém que estava fora. A palavra "Éden" também significa lugar cercado. Deus separou os ambientes e colocou Adão para guardar o jardim.

Adão tinha o Espírito de Deus, mas o perdeu quando pecou. Ele perdeu o *neshamah* em plenitude, mas seguiu com o *nephesh*, continuou sendo um ser vivo. Ou seja, com a Queda de Adão e Eva, aparentemente passamos a ser semelhantes aos animais, exceto pela consciência e inteligência, mas sem a presença do Espírito de Deus, que retorna quando aceitamos a Jesus e permitimos que Ele habite em nós.

Nas suas epístolas, o Apóstolo Paulo reafirma que a possibilidade de receber o Espírito de Deus é alcançada exclusivamente por intermédio de Cristo. Em Romanos 5, Paulo expõe que Jesus é o segundo Adão, uma vez que o primeiro foi criado por Deus com o propósito de refletir Sua glória, mas perdeu essa bênção devido ao pecado. Logo, é somente por meio de Jesus que recuperamos o acesso a essa glória outrora perdida.

O Espírito Santo

A segunda força que transformou a humanidade foi a manifestação do Espírito Santo, conforme Atos 2. A chegada da terceira pessoa da Trindade afetou o mundo para sempre e restaurou a comunhão com Deus que havia sido perdida devido ao pecado de Adão no Éden. Muitos pensam que uma emanação divina precisaria acontecer em toda a Terra ao mesmo tempo, porém as duas manifestações apresentadas até agora foram pontuais: primeiro no Éden e depois em Jerusalém. A partir desse epicentro, o poder foi liberado em ondas para alcançar todas as pessoas e nações do planeta, o que é encorajador, pois qualquer crescimento sobrenatural ocorrido em qualquer parte do mundo está ao alcance de todos nós.

Logo, é somente por meio de Jesus que recuperamos o acesso a essa glória outrora perdida.

A emanação divina em sua vida não apenas o capacita a ser um homem ou mulher de Deus, mas também a destacar-se. Não é coincidência que as mentes por trás das fundamentais descobertas científicas que moldaram a Ciência foram devotas ao

As emanações de Deus e a essência do cristianismo

Senhor, como, por exemplo, Nicolau Copérnico, Galileu Galilei[5], Isaac Newton, Michael Faraday[6], Max Planck[7]. A influência do Espírito impulsionou a mente desses indivíduos, concedeu--lhes clareza de compreensão e possibilitou a realização de feitos grandiosos.

Nada é mais poderoso do que o Aquele que reside em nós. A natureza humana foi corrompida pelo pecado, mas o Espírito Santo tem o poder de restaurar a essência do *neshamah*. Apenas através da ação d'Ele podemos retornar ao nosso estado original de integridade e santidade. Certa vez, ouvi um pregador afirmar: "Se alguém falar mal de mim, acreditem, pois minha natureza é má. Qualquer bondade em mim não é minha, mas obra do Espírito Santo". É verdade! Quanto mais confiarmos em nossa própria natureza, piores seremos, mas, se estivermos repletos do Espírito, nos tornaremos melhores indivíduos, o que refletirá em nossos papéis como cônjuges, pais, amigos, líderes ou qualquer função social que desempenhemos. Somente Deus pode retificar nossos caminhos tortuosos e nos resgatar.

---

[5] N. E.: Galileu Galilei (1564-1642) nasceu na Itália e foi um astrônomo, físico a matemático conhecido como o pai da física moderna. Seus estudos foram fundamentais para o desenvolvimento da mecânica (movimento dos corpos) e para a descoberta sobre os planetas e os satélites.

[6] N. E.: Michael Faraday (1791-1867) foi um cientista britânico especializado em física e química que deixou uma marcante influência nos campos do eletromagnetismo e eletroquímica.

[7] N. E.: Max Planck (1858-1947) conquistou o posto de pai da física quântica ao resolver o problema da radiação do corpo negro e explicar que a irradiação do calor ocorre não em um fluxo constante, mas em pequenas porções de energia chamadas quanta.

Sangue, suor e lágrimas

Eu costumava ser uma pessoa sem vislumbre de um futuro promissor. Quem leu minha autobiografia pôde perceber que minha jornada foi repleta de adversidades: envolvimento com espiritismo, um acidente quase fatal, falência e desestruturação na família — enfrentei todos esses desafios. No entanto, um toque sobrenatural d'Ele no momento mais inesperado, enquanto eu estava no acampamento de uma igreja que não simpatizava com as crenças carismáticas do Espírito Santo, transformou a minha trajetória. Uma mudança interior profunda ocorreu em mim, afastou-me da violência e da dependência de drogas. De maneira miraculosa, Deus me concedeu um novo começo: não somente um novo indivíduo nasceu, mas também um ministério que, por mais de quatro décadas, tem disseminado o Evangelho por todo o Brasil. Ao longo desse período, testemunhei milhares de pessoas sendo transformadas pelo poder divino.

No início de nosso ministério, enquanto eu ainda lecionava à noite, Lúcia decidiu fazer um culto em nossa casa nas noites de terça-feira e convidou pessoas do bairro para evangelizá-las. Embora hoje reconheçamos isso como uma célula, naquela época ainda não usávamos esse termo. A visão celular sempre esteve arraigada em nosso ministério, desde os primeiros encontros em nossa casa, passando pelos Grupos de Alianças e Alcance, que não tinham ênfase na multiplicação, muitos anos depois, até as células atuais. Desde cedo, compreendemos a importância de ir até as pessoas, em vez de esperar que venham à igreja.

Inicialmente, o culto começou a atrair hippies e roqueiros — pessoas de cabelos compridos, envolvidas com drogas e imersas na filosofia do "sexo, drogas e rock-and-roll". Confesso ter ficado um tanto apreensivo com o público que se formava, mas Lúcia assegurou que conseguiria lidar com a situação. À propósito, Bispa Lúcia nunca recuou diante dos desafios do ministério, sempre esteve na linha de frente. Embora Deus tenha me dado a visão, a Sara Nossa Terra se transformou no que é hoje porque Ele colocou Lúcia para ser minha parceira nessa missão, motivo pelo qual sinto profunda gratidão.

Muitas pessoas se converteram rapidamente e o grupo começou a crescer. Naquele tempo, ainda não tínhamos implementado o Revisão de Vidas, pequenos grupos que se reuniam nas casas. Esse crescimento me fez refletir sobre como poderíamos libertar aqueles indivíduos de seus vícios e capacitá-los a se tornarem líderes. Reunimos todo aquele grupo e iniciamos uma campanha diária de jejum e oração às seis da manhã; passávamos o dia inteiro jejuando juntos e concluíamos com um culto à noite.

Lembro-me de quando um desses irmãos, que mais tarde tornou-se um dos nossos pastores, compartilhou que lutava contra um vício em sexo e se sentia incapaz de ter autocontrole. Ele já havia superado o álcool e as drogas, mas tinha dificuldades em abrir mão do comportamento sexual ilícito. Com lágrimas nos olhos, o homem me contou e pediu perdão. Naquele momento, eu o desafiei: "Você quer Jesus ou quer continuar naquela vida antiga?", ao que ele respondeu com determinação que desejava Jesus e ansiava por construir uma nova vida. Foi então que compartilhei o segredo que aprendi com a minha própria jornada: não existe força maior do que o Espírito Santo que habita em nós.

Sangue, suor e lágrimas

Foi um impacto tão profundo que ele abraçou o desafio de bom grado. Esse homem iniciou o jejum e oração conosco, mergulhou na Palavra e começou uma busca por ser pleno de Deus e do Espírito Santo. O resultado foi notável! Ele foi resgatado, abandonou todas as práticas pecaminosas e experimentou uma transformação não apenas interior, mas também exterior — cortou o cabelo, fez a barba e passou a cuidar melhor de si mesmo. Estava claro para todos que ele era pessoa totalmente diferente. Mais tarde, passamos a trabalhar e viajar juntos.

Um dia, ao lembrar desse episódio, perguntei a ele como estava. Sua resposta ecoou com alegria: "Pastor, eu mal me recordo daquilo e da pessoa que eu era. Todos os vícios que me assolavam estão sob o poder do Espírito de Deus". Exclamei: "Glorificado seja Deus!". Com convicção, percebi que ele tinha sido tocado pelo poder transformador do Espírito Santo. Logo esse irmão se casou, tornou-se um dos nossos pastores e é benção para o ministério.

Como bem disse Paulo: "'Todas as coisas me são lícitas', mas nem todas convêm. 'Todas as coisas me são lícitas', mas eu não me deixarei dominar por nenhuma delas" (1 Coríntios 6.12). Esse autodomínio é alcançável somente por aqueles que receberam o poder do Espírito Santo em sua vida. Assim, não é mais você que vive, mas é o Senhor que habita em você (cf. Gálatas 2.20), guia seus passos e decisões. Enquanto você estiver solitário, estará vulnerável a vícios, fraquezas e fracassos; no entanto, quando permitir que o Espírito Santo seja seu guia, Ele preencherá sua vida e tudo será diferente!

As emanações de Deus e a essência do cristianismo

O poder do nome de Jesus

A força do nome de Jesus é uma emanação poderosa, mas seu efeito no homem ainda não foi objeto de estudo da Ciência tampouco foi submetido ao rigor do método científico — o que seria de grande interesse. Apenas recentemente pesquisadores começaram a examinar o impacto da oração, inaugurando um passo para o reconhecimento do poder de Jesus pelos incrédulos, visto que Ele é o foco central da oração.

O poder do nome de Jesus se revela de maneira evidente na expulsão de demônios, nos momentos de libertação e nas curas milagrosas. Enquanto, muitas vezes, a Igreja contemporânea enaltece essas ações de maneira mística, a Igreja Ortodoxa dos primeiros séculos compreendeu que o poder do nome de Cristo era uma emanação sobrenatural, transcendia nossa realidade.

Certa vez, um amigo da minha época de escola, que sempre me acompanhou pela TV, mesmo sendo católico, compartilhou comigo um testemunho que ilustrou para ele a importância do uso do nome de Jesus. Ele relatou que estava dirigindo numa rodovia quando decidiu ultrapassar um caminhão. Durante a manobra, notou outro caminhão se aproximando na pista contrária. Sem acostamento ou área de escape, a situação se tornou crítica. Embora sua esposa sugerisse que meu amigo acelerasse, ele explicou que o carro já estava em velocidade máxima. Naquele momento de extremo perigo, ele recordou de uma pregação minha que havia assistido, na qual eu enfatizava que, em momentos de aflição ou crise, as pessoas deveriam recorrer ao nome de Jesus para obter livramento. Imediatamente, segurou a mão da esposa e pediu para que orassem juntos, repetindo sem parar: "O nome de Jesus, o sangue de Jesus, o nome de Jesus".

Ele compartilhou que, naquele momento, não conseguiu explicar racionalmente o que ocorreu. Apenas sentiu que algo de natureza metafísica havia acontecido. O carro passou entre os dois caminhões em um espaço apertado, como se o próprio veículo tivesse diminuído de tamanho ou houvesse um intervalo extra entre os caminhões, mesmo que a pista continuasse estreita, sem acostamento. Mais adiante, pararam em um estacionamento e, emocionados, choraram juntos, ajoelharam-se e expressaram sua gratidão a Deus. Ao compartilhar esse testemunho comigo, tomaram a decisão de doar um terreno à igreja. Esse amigo me explicou que, enfim, havia compreendido a incrível força do nome de Jesus e o impacto que podia ter.

Nos primórdios da Igreja Ortodoxa Síria, a ausência de hospitais, sistemas médicos avançados e tratamentos medicinais levou as pessoas a recorrerem ao nome de d'Ele em todos os procedimentos. Elas perceberam que esse nome representava uma emanação, uma força divina que lhes foi concedida.

As três forças (o *neshamah*, o Espírito Santo e o poder do nome de Jesus) constituem a manifestação de Deus na vida humana que operam para restaurar o propósito primordial do ser humano perdido devido à presença da semente do mal em seu coração. Quando alguém se rende ao Espírito Santo, surge a oportunidade de transcender a natureza humana e assumir a posição de filho de Deus.

A influência transformadora das emanações de Deus

Depois das emanações de Deus, uma abertura para compreensão e civilidade se manifestou no mundo, de modo a promover o respeito mútuo entre os seres humanos. Os três derramamentos devem ser motivos de gratidão ao Senhor, pois, por meio deles, podemos estar alinhados ao plano divino para nossa vida. Essas emanações compõem o que chamo de "a tríplice grande força capaz de influenciar o mundo".

As repercussões delas culminam na quarta força: a Bíblia. O texto bíblico é o relato preciso, íntegro e autêntico das três forças; documenta a experiência sincera de pessoas que, como você, vivenciaram o mundo e suas oportunidades, mas encontraram esperança na ação de Deus. Aqueles que experimentam o zelo divino sabem que é incomparável.

Esses derramamentos de Deus solucionam os dilemas da humanidade, e quem os vivencia anseia por compartilhá-los, dedica-se a esse propósito e transmite essa experiência de vida. Acredito que, se eu tivesse vivido nos primórdios da Igreja, teria sido um dos compiladores da Bíblia. Naquela época, não existiam as amplas possibilidades que temos hoje. Diante da escassez, é necessário focar no que realmente importa. Para mim, a maior prioridade é preservar os registros e a história, assim como demonstrar existência das emanações e, quando se manifestam, a transformação que geram no curso da História.

Uma das coisas que distinguem Jesus de filósofos como Platão e Sócrates é que Cristo não trouxe apenas ensinamentos filosóficos. Sua morte e ressurreição resultaram na entrega do Espírito Santo, que é poderoso e impacta nossa alma; assim, deixa de ser apenas informação cognitiva, mas é dotado de poder emocional e prático. Jesus nos tornou justos mediante o sacrifício da cruz e enviou o Espírito para nos instruir e moldar conforme a vontade do Pai.

O CERNE DO EVANGELHO

A fé é definida como a crença em algo não visível (cf. Hebreus 11.1); é o alicerce fundamental do Novo Testamento, e permeou todos os escritos apostólicos por meio da convicção na mensagem pregada por Jesus. Essa abordagem reflete, de fato, o método científico contemporâneo, em que muitos dos conceitos se desenvolvem sem serem tangíveis ou imediatamente perceptíveis aos olhos humanos. Acredito que, à medida que as tecnologias avancem, incluindo a Física Quântica, alcançaremos uma validação científica ainda mais substancial para os fundamentos do cristianismo.

Contudo, é pela fé que temos um encontro com Deus, passamos pelo novo nascimento e nos tornamos novas criaturas. Primeiro vem a fé, a palavra, e depois a experiência.

> *Como, porém, invocarão aquele em quem não creram? E como crerão naquele de quem nada ouviram? E como ouvirão, se não há quem pregue? [...] E, assim, a fé vem pelo ouvir, e o ouvir, pela palavra de Cristo.* (Romanos 10.14, 17)

É a história que traz a fé. Você pode se perguntar: "Mas como assim?". No versículo 14, mencionado acima, a palavra

As emanações de Deus e a essência do cristianismo

usada foi "pregação". Entretanto, naquela época, a maioria das pessoas carecia de instrução, e as mensagens dos apóstolos eram no formato de histórias e relatos compartilhados. Tais pregações estimulavam a fé das pessoas, conduziam-nas a experimentarem transformações e a se converterem. Assim, a vivência e a obediência à pregação promovem mudança. A transformação individual é uma evidência primordial da salvação. Quando não há fruto visível de transformação, o novo nascimento pode não ter ocorrido, e a fé talvez não tenha encontrado morada no coração.

Jesus, ao manifestar-Se em Seu corpo glorificado após a ressurreição, fez isso com o propósito de fortalecer a experiência e a fé dos discípulos. A tentativa de provar cientificamente que Ele ressuscitou poderia minar o cristianismo e diminuir a relevância da pregação e da fé. A existência de um método científico que comprovasse a ressurreição de Jesus levaria à redução da necessidade de fé e esvaziaria o poder intrínseco do cristianismo, uma vez que sua essência é forjada na seguinte sequência: pregação, fé, experiência e transformação. O que a sociedade não consegue alcançar hoje — cura, libertação, realização e transformação pessoal — somente pode ser encontrado no Evangelho.

É importante destacar que muitos fatos, relatos, fenômenos e descobertas históricas comprovam que Jesus veio e viveu naquela época e lugar.

    a.   A destruição de Jerusalém em 70 d. C.: Cristo profetizou sobre isso enquanto estava na Terra, e os historiadores da época relatam o ocorrido (cf. Mateus 24.2).

b. A descoberta arqueológica do local da multiplicação dos pães (Betsaida/Julias).

c. Vestígios de uma oficina de produção anormal de vasos de pedra, como os relatados na transformação da água em vinho.

d. As menções a Jesus e a Seus primeiros discípulos que vários historiadores fizeram.

- Flávio Josefo[8], uma das maiores referências históricas da época, falou acerca d'Ele.

> Nesse mesmo tempo, apareceu Jesus, que era um homem sábio, se é que podemos considerá-lo simplesmente um homem, tão admiráveis eram as suas obras. Ele ensinava os que tinham prazer em ser instruídos na verdade e foi seguido não somente por muito judeus, mas também por muitos gentios. Ele era o Cristo. Os mais ilustres dentre os de nossa nação acusaram-no perante Pilatos, e este ordenou que o crucificassem. Os que o haviam amado durante a sua vida não o abandonaram depois da morte. Ele lhes apareceu ressuscitado e vivo no terceiro dia, como os santos profetas haviam predito, dizendo também que ele faria muitos outros milagres.

---

[8] N. E.: Flávio Josefo foi um historiador judeu do século I que registrou detalhadamente eventos importantes da antiguidade, incluindo a guerra judaico-romana, e ofereceu pensamentos valiosos sobre a história e cultura da época.

> É dele que os cristãos, os quais vemos ainda hoje, tiraram o seu nome.[9]

A fé na ressurreição de Jesus não se restringiu unicamente aos apóstolos, mas também encontrou respaldo em figuras como Josefo, o qual também fez um comentário sobre Tiago. Em *The works of Josephus*, ele descreveu como um alto sacerdote de nome Ananias aproveitou-se da morte de Festo, governador romano, que também é mencionado no Novo Testamento, para mandar matar Tiago.

> Ele aproveitou o tempo da morte de Festo, e Albino ainda não tinha chegado, para reunir um conselho, diante do qual fez comparecer Tiago, irmão de Jesus, chamado Cristo, e alguns outros; acusou-os de terem desobedecido às leis e os condenou ao apedrejamento.[10]

- Cornélio Tácito, no ano 115, outra fonte de grande importância e veracidade, afirmou explicitamente que Nero[11] perseguiu os cristãos e fez deles bodes expiatórios para desviar as suspeitas de ter sido ele o culpado pelo incêndio que devastou Roma em 64.

---

[9] Flávio Josefo, *História dos Hebreus*, 2019.

[10] *Ibidem.*

[11] N. E.: Nero foi imperador romano, o último da dinastia júlio-claudiana, e governou de 54 a 68 da era cristã.

> Para acabar com os rumores, [Nero] acusou falsamente as pessoas comumente chamadas de cristãs [...] e as punia com as mais terríveis torturas. Christus, o que deu origem ao nome cristão, foi condenado à extrema punição por Pôncio Pilatos durante o reinado de Tibério; mas, reprimida por algum tempo, a superstição perniciosa irrompeu novamente, não apenas em toda a Judeia, onde o problema teve início, mas também em toda a cidade de Roma.[12]

- Plínio, o Jovem, escreveu sobre os primeiros cristãos.

> Houve entre eles quem assegurou, além disso, que toda a sua culpa, ou melhor, todo o seu erro consistiu tão somente em reunir-se regularmente em certo dia antes do nascer do sol, entoar alternadamente entre os presentes um hino em honra de Cristo, como se de um deus se tratasse, e comprometer-se mediante juramento a não perpetuar alguns tipos de crimes.[13]

- Papias, de Hierápolis, por volta de 125, afirmou que Marcos havia registrado com muito

---

[12] Cornélio Tácito, *Christians accused of incendiarism*, tradução nossa.

[13] N. E.: esse trecho foi retirado do artigo *Plínio, cartas, livro X: tradução das epístolas trocadas entre Plínio, o Jovem, e Trajano*, publicado pelo grupo de pesquisa Viva Vox, em 2018, p. 83.

As emanações de Deus e a essência do cristianismo

cuidado e precisão o que Pedro testemunhara pessoalmente. Ele disse que Marcos não cometeu erro algum e não acrescentou nenhuma falsa declaração. Disse também que Mateus preservara também nos escritos sobre Jesus. Depois, Irineu, aproximadamente em 180, confirmou a autoria tradicional.

e. A vida de Paulo é uma das confirmações da autenticidade da vida e da obra de Jesus (cf. Atos 9.1-20). Ele era um intelectual, fariseu criterioso, profundamente familiarizado com as Escrituras e tinha um forte senso crítico. Inicialmente, perseguia os cristãos, mas teve um encontro transformador com o Senhor que mudou radicalmente a sua vida e o tornou uma das Suas testemunhas mais proeminentes aqui na Terra.

Quando teve um encontro sobrenatural na estrada de Damasco, sua mudança foi tão grande que jamais se teria empenhado em defender algo falso. Sua experiência pessoal era alicerçada em uma convicção da verdade da existência e missão de Jesus.

Paulo também organizou uma equipe para investigar minuciosamente a ressurreição de Jesus e seus encontros com os discípulos, tanto em Jerusalém como na Galileia. Essa investigação foi conduzida não apenas para os doze apóstolos, mas também para os setenta, os cento e vinte, e até mesmo para mais de quinhentos irmãos, como mencionado em 1 Coríntios 15.6, o que demonstra seu

Sangue, suor e lágrimas

compromisso em validar a veracidade da ressurreição e da mensagem de Jesus por meio de testemunhas confiáveis.

f. Os escritos sobre a morte dos mártires da Igreja.

g. O impacto da pregação do Evangelho ao longo da história.

h. As predições de Jesus e dos evangelhos sobre acontecimentos futuros, muitos já cumpridos e outros em cumprimento.

i. A Igreja: a comunidade cristã teve um papel fundamental na formação da civilização ocidental. Foi a primeira instituição a promover a ciência e a educação; foi responsável pelo desenvolvimento de muitas das escolas e universidades mais importantes da Europa. Teve também papel importante no desenvolvimento da arte e da arquitetura, além de ser a primeira instituição a promover um sistema de direito baseado na lei natural, de modo a ajudar na criação de muitas das leis que hoje consideramos fundamentais para a civilização ocidental.

Ao compreendermos as emanações divinas, o cerne do Evangelho e o princípio de tudo, ampliamos a nossa capacidade de entender os avivamentos que deixaram sua marca na história da Igreja. O meu desejo é que, reconhecendo o princípio essencial que permeia todas as coisas e a essência da Mensagem que nos guia, você possa verdadeiramente absorver o significado e a profundidade desses momentos transformadores que moldaram o percurso da fé cristã.

Capítulo 5

Os primeiros passos da Igreja

Desde os primeiros instantes após a ressurreição de Jesus até hoje, a Igreja enfrenta tempestades que poderiam ter apagado sua chama, mas sempre resistiu graças a cristãos destemidos. Esses heróis da fé, muitas vezes anônimos e humildes, sofreram perseguições, enfrentaram heresias, opressões e incertezas com uma coragem impressionante e deixaram um legado de perseverança que ecoa no decorrer dos séculos.

A partir de agora, conheceremos os desafios e as batalhas que moldaram a identidade da fé cristã e entenderemos como era a Igreja Primitiva. Estudaremos os passos daqueles que nos precederam para que sejamos inspirados a seguir em frente. Precisamos compreender que os derramamentos do Espírito que marcaram a nossa história não foram eventos isolados, mas brotaram das sementes plantadas pelos que vieram antes de nós!

O PANORAMA PÓS-RESSURREIÇÃO

O Senhor preparou os Seus seguidores de diversas maneiras para compreenderem a importância de Sua morte e ressurreição — marcos essenciais do plano eterno de Deus. Embora os detalhes precisos desses eventos não fossem plenamente compreendidos pelos discípulos, eles foram avisados sobre a morte de Seu Mestre (cf. Mateus 20.17-19). Como judeus, familiarizados com as Escrituras e profecias relacionadas ao Messias, reconheciam que atravessar períodos de sofrimento era intrínseco à vinda do Cristo ao mundo.

Entretanto, quando Jesus foi preso pelos servos dos sacerdotes e apresentado a Pilatos, os discípulos simplesmente desapareceram. Aqueles que costumavam segui-lO negaram com veemência qualquer ligação com Ele. Pedro é um exemplo. Ficou evidente como eles foram incrédulos quando Maria Madalena e Maria — mãe de Jesus — dirigiram-se ao túmulo logo cedo, depararam-se com o sepulcro aberto e não encontraram o corpo de Cristo (cf. Lucas 24.1-3). Elas voltaram e informaram aos demais que Jesus havia ressuscitado (v. 9). É importante destacar que, naquela época, o testemunho das mulheres não era aceito na comunidade judaica devido à posição social inferior atribuída a elas. Suas palavras não eram valorizadas, pois não eram vistas como fontes confiáveis de informação. Por isso, ao ouvirem o relato delas, Pedro e João correram imediatamente para verificar a veracidade dos acontecimentos (cf. João 20.3-4).

Os primeiros passos da Igreja

O que fez os discípulos terem certeza sobre a ressurreição de Cristo foi a Sua própria aparição. Ao Se manifestar diante deles em um corpo incorruptível em repetidas ocasiões e diferentes locais, uma profunda convicção floresceu no coração desses homens. Múltiplas testemunhas foram agraciadas ao presenciar as manifestações do Jesus ressurreto — em Sua forma corporal restaurada.

Algo difícil de entender naqueles dias foi o conceito do corpo espiritual e metafísico de Cristo. Essa natureza transcendente desafia os limites da compreensão humana. Ele tinha carne e osso (cf. Lucas 24.39), mas, ao mesmo tempo, ultrapassava as fronteiras convencionais de tempo e espaço. Esse é um tema complexo que abarca aspectos tanto científicos quanto teológicos.

Para aprofundar adequadamente essa questão, foi necessário adotar uma abordagem minuciosa que abrangesse tanto os aspectos científicos da matéria quanto os elementos metafísicos ligados à espiritualidade. Contudo, o ponto crucial a ser destacado é que tais condições conferiram crédito e credibilidade à realidade da ressurreição. Um exemplo notável ocorreu na aparição de Jesus diante dos discípulos na presença de Tomé, permitindo-lhe tocar em Suas feridas (cf. João 20.24-29). Essa experiência pessoal com o Messias que venceu a morte representou um momento de transformação para Seus seguidores, solidificando a fé na ressurreição e o senso de propósito em seu coração. Jesus apareceu às seguintes pessoas depois de ter ressuscitado: às Marias, no túmulo (cf. Mateus

Sangue, suor e lágrimas

28.1-3), a todos os apóstolos e a quinhentos seguidores não identificados na Galileia (cf. 1Coríntios 15.5-7).

Ao longo de quarenta dias, o Senhor compartilhou com Seus discípulos uma visão abrangente e instruções sobre a Igreja (cf. Atos 1.3), de tal modo que delineou as ações deles. Essa orientação serviu como guia e fonte de segurança para eles. No entanto, em minha avaliação pessoal, acredito que o Mestre optou por indicar não registrar por escrito as minuciosas diretrizes fornecidas durante esse período.

Jesus, então, manifestou-Se basicamente de três formas.

- Na forma física, enquanto esteve na Terra, exercendo o Seu ministério.

> *O nascimento de Jesus Cristo foi assim: Maria, a sua mãe, estava comprometida para casar com José. Mas, antes de se unirem, ela se achou grávida pelo Espírito Santo.* (Mateus 1.18)

- Na metafísica, no pós-ressurreição.

> *Depois disso, Jesus se manifestou outra vez aos discípulos junto ao mar de Tiberíades. Foi assim que ele se manifestou.* (João 21.1)

- No espírito, quando encontrou Paulo.

> *Conheço um homem em Cristo que, há catorze anos, foi arrebatado até o terceiro céu. Se isso foi no corpo ou fora do corpo, não sei; Deus o sabe.* (2 Coríntios 12.2)

Os primeiros passos da Igreja

Toda a vida e o ministério de Jesus, por 33 anos, foram em carne, em corpo físico. Depois, conforme vimos, Ele assumiu uma natureza espiritual e metafísica. Nesse estado, podia realizar ações como comer, caminhar, aparecer subitamente, desaparecer e interagir com indivíduos (cf. Lucas 24.31-37). Essa esfera espiritual mais ampla permitia transitar entre diferentes dimensões, sendo possível retornar da terceira dimensão para a segunda e primeira, enquanto aqueles na segunda dimensão não tinham a capacidade de ascender à terceira, e os que residem na primeira dimensão não conseguiam transcender às demais.

Um exemplo pode ser observado na classificação das espécies: os répteis, cuja vivência se restringe à primeira dimensão, estão limitados a um plano horizontal. Já as aves habitam a segunda dimensão, uma vez que compreendem tanto o plano horizontal quanto o vertical, permitindo-lhes movimentar-se em ambos. Nós ocupamos a quarta dimensão, já que possuímos uma compreensão que abarca comprimento, altura, profundidade — dimensões espaciais — e tempo — dimensão temporal. Essa dimensão é exclusiva da nossa espécie. Enquanto isso, Jesus ressurgiu em uma esfera que pode ser considerada a quinta ou sexta dimensão, mas Ele Se manifestou dentro das três dimensões com as quais estamos familiarizados: no corpo natural (com forma e aparência física), no corpo metafísico e no plano espiritual.

Paulo, apesar de sua experiência pessoal com Cristo e sua relevância para a Igreja, não foi considerado parte do grupo original de doze apóstolos, mesmo sendo relativamente jovem naquela época. Creio que Deus achou por bem ocorrer assim

Sangue, suor e lágrimas

porque ele foi o único a ter um encontro espiritual com Jesus em vez de uma interação física. Essa particularidade possibilita que todos nós, nos dias de hoje, tenhamos a oportunidade de conhecê-lO da mesma maneira, experimentando a mesma ligação com Jesus que Paulo teve. Hoje, a manifestação do Filho para nós ocorre através do espírito, dado que a fundação da Igreja reside na fé transmitida a nós pela Palavra (cf. Hebreus 11.1; Romanos 10.17).

Entre os muitos aspectos intrigantes da morte e ressurreição de Cristo, destaco a profunda relevância dos ensinamentos compartilhados durante os quarenta dias após sua primeira aparição. Essa fase merece um enfoque especial e poderia ser objeto de um livro inteiro, devido à importância das respostas que oferece às indagações essenciais da vida humana. Neste breve relato, abordaremos apenas uma pequena fração das lições que Jesus transmitiu durante esse período.

O Mestre enfatizou a continuidade do Reino de Deus e o significado de propagar o Evangelho a todas as nações. Ele instruiu Seus discípulos a serem testemunhas do que haviam visto e ouvido, a levarem a mensagem de arrependimento e perdão dos pecados aos povos ao redor do mundo.

Atos cruciais de Jesus após a Sua ressurreição

- A Grande Comissão (cf. Mateus 28.16-20): o Mestre instruiu Seus discípulos a batizarem, a fazerem discípulos de todas as nações e a sempre ensinarem os novos convertidos a seguirem Seus ensinamentos.

Os primeiros passos da Igreja

- A restauração de Pedro (cf. João 21.15-19): após a ressurreição, Cristo restaurou o relacionamento com Pedro, que O havia negado três vezes antes da crucificação. O Senhor pediu a ele que cuidasse de Seu rebanho (seguidores).

- Explicação das Escrituras (cf. Lucas 24.44-49): Jesus explicou a Seus discípulos como o Antigo Testamento se referia a Ele e como Sua vida, morte e ressurreição estavam em conformidade com as profecias.

- A promessa do Espírito Santo (cf. Atos 1.4-8): o Senhor prometeu aos discípulos que o Espírito Santo viria sobre eles e lhes daria poder para serem Suas testemunhas em Jerusalém, Judeia, Samaria e até os confins da Terra.

O NASCIMENTO DA IGREJA PRIMITIVA

No início do cristianismo, após a ressurreição de Jesus, Seus discípulos e seguidores se reuniam em Jerusalém, no átrio do Templo, chamado também de Pátio dos Gentios. Essa área era um local de encontro, oração e ensino, onde judeus e gentios podiam se reunir.

A prática de reunir-se no Templo é retratada na Bíblia (cf. Atos 2.46). Nesse local, os primeiros seguidores de Cristo passaram a ser identificados como "cristãos" (cf. Atos 11.26). Inicialmente, a comunidade cristã era percebida como uma ramificação do judaísmo, e muitos de seus membros continuaram a frequentar o Templo para orar e participar de outros rituais religiosos.

Os primeiros cristãos também se reuniam nas casas para orar, compartilhar refeições e aprender sobre os ensinamentos de Jesus (cf. Atos 5.42). Essas reuniões, chamadas de "igrejas domésticas", desempenharam um papel importante na formação e no crescimento da Igreja Primitiva.

A destruição do Templo em Jerusalém no ano 70, pelas forças romanas lideradas pelo general Tito, foi um marco crucial na trajetória tanto do cristianismo quanto do judaísmo. A ruína do Templo, aliada à perseguição imposta às comunidades cristãs pelas autoridades romanas e judaicas, resultou em um gradual distanciamento entre as duas religiões. Com isso, a prática de se reunir no átrio chegou ao fim e levou os cristãos a continuarem suas reuniões nas assembleias domésticas e, depois, em edifícios escolhidos especificamente para esse propósito.

Paixão evangelizadora

A força da paixão evangelizadora da primeira geração de cristãos é notável na história do cristianismo. Esses primeiros seguidores de Jesus — os apóstolos e os primeiros convertidos — enfrentaram adversidades extremas e perseguições por causa de sua fé e missão. Eles estavam comprometidos com o evangelismo e o estabelecimento do Reino de Deus na Terra, ainda que significasse encarar a morte.

Eles sofreram perseguição tanto das autoridades judaicas como das romanas. Os líderes judaicos os consideravam hereges e blasfemadores, enquanto o Império Romano via neles uma ameaça à ordem social e à religião estabelecida. Apesar das

Os primeiros passos da Igreja

adversidades, os primeiros cristãos persistiram em ensinar sobre Jesus e pregar Sua mensagem de salvação. Estavam dispostos a passar por fogueiras, prisões e até leões nas arenas romanas, movidos pelo amor ao Mestre e à missão evangelizadora. Sua valentia e compromisso foram essenciais para o crescimento e expansão da Igreja. A paixão da primeira geração de cristãos pode ser atribuída a vários fatores.

Apesar das adversidades, os primeiros cristãos persistiram em ensinar sobre Jesus e pregar Sua mensagem de salvação.

- Experiência pessoal com o Messias: muitos dos primeiros seguidores tiveram encontros diretos com Ele, ouviram Seus ensinamentos e foram testemunhas de Seus milagres. Essas vivências pessoais intensificavam o anseio por compartilhar as boas notícias com os demais.

- Promessa do Espírito Santo: Jesus tinha prometido aos Seus discípulos que receberiam o poder do Espírito Santo, o qual os capacitaria a serem Suas testemunhas por todo o mundo. Tinham a convicção de que o Espírito Santo os orientava e fortalecia na missão de pregar o Evangelho.

- Senso de urgência: os primeiros cristãos acreditavam que o Senhor retornaria em breve para estabelecer Seu Reino, o que os motivava a compartilhar as Boas Novas rapidamente e a discipular todas as nações.

- Amor ao próximo: inspirados pelo exemplo do Mestre, eram cheios de amor e preocupação pelo bem-estar espiritual das pessoas. Esse sentimento os impulsionava a evangelizar e a servir aos outros, mesmo que isso colocasse sua própria vida em risco.

As história da primeira geração de discípulos e sua paixão evangelizadora são uma inspiração para os cristãos de todos os tempos e lugares, pois demonstraram fé corajosa e compromisso inabalável com a missão de compartilhar o amor e a mensagem de Jesus com o mundo.

Centros de obras e organização das igrejas

Estavam morando em Jerusalém judeus, homens piedosos, vindos de todas as nações debaixo do céu. Assim, quando se fez ouvir aquela voz, afluiu a multidão, que foi tomada de perplexidade, porque cada um os ouvia falar na sua própria língua. Estavam atônitos e se admiravam, dizendo: — Vejam! Não são galileus todos esses que aí estão falando? Então como os ouvimos falar, cada um em nossa própria língua materna? Somos partos, medos, elamitas e os naturais da Mesopotâmia, Judeia, Capadócia, Ponto e Ásia, da Frígia, da Panfília, do Egito e das regiões da Líbia, nas imediações de Cirene, e romanos que aqui residem, tanto judeus como prosélitos, cretenses e árabes. Como os ouvimos falar sobre as grandezas de Deus em nossas próprias línguas? (Atos 2.5-11)

Os primeiros passos da Igreja

Nesse dia, todos os discípulos presentes foram agraciados com o dom de línguas e ungidos para proclamar o Evangelho em seus próprios idiomas e territórios. Vários desses homens estiveram com Jesus e se tornaram discípulos de líderes como Paulo, Pedro e João. Paulo, em particular, desempenhou uma notável função na organização e mobilização do Corpo de Cristo, demonstrou habilidades excepcionais em termos de estruturação e coordenação.

Quando a graça divina se manifestava em uma igreja específica, em determinada área, e essa comunidade se fortalecia e multiplicava, seu impacto se expandia por toda aquela região, de tal modo a dar origem ao que poderíamos chamar de centro de obras.

Os principais centros de obras eram: Éfeso, Alexandria, Jerusalém, Hierápolis (onde atuou Papias) e Roma (onde atuaram Pedro, Paulo e Clemente). É importante destacar que, embora inicialmente estabelecida por Paulo e seus discípulos — com uma visão mais favorável aos gentios —, a igreja de Éfeso teve como líder principal o Apóstolo João, cuja orientação era mais enraizada nos princípios rigorosos do judaísmo. Ele desempenhou um papel de liderança nessa comunidade por cerca de duas décadas e levou a mensagem das Boas Novas a muitas regiões ainda não alcançadas.

Em Éfeso, João estabeleceu uma grande comunidade de fé e um dos principais centros de obras da época. A cidade era um grande e famoso polo urbano com muitos recursos logísticos, o que facilitava a expansão das igrejas para outros locais.

Sangue, suor e lágrimas

O LEGADO DOS DISCÍPULOS

É muito interessante observar o papel dos doze apóstolos após a morte e ressurreição de Jesus. Entre eles, Pedro se destacou como figura central, não apenas devido à menção explícita feita por Jesus durante Seu período com os discípulos (cf. Mateus 16.17-19), mas também por sua liderança no dia de Pentecostes. Ali, Pedro proferiu seu primeiro sermão, no qual apontou os erros e pecados dos líderes religiosos judeus, assim como os de Herodes e Pilatos, os quais tiveram responsabilidade na morte de Jesus. Ele também proclamou em público pela primeira vez: "— Portanto, toda a casa de Israel esteja absolutamente certa de que a este Jesus, que vocês crucificaram, Deus o fez Senhor e Cristo" (Atos 2.36); ele se consolidou como um dos principais porta-vozes da Igreja e cumpriu o seu chamado.

Apesar de Pedro ter desempenhado um papel crucial como líder e figura paterna do cristianismo, seu envolvimento na evangelização e na expansão do Reino de Deus foi limitado. Ao examinarmos as jornadas dele e dos demais apóstolos, constatamos que eles concentraram seus esforços em uma área geograficamente restrita. Por exemplo, Pedro nunca saiu da Judeia, exceto quando foi levado prisioneiro a Roma, onde enfrentou o martírio. Outros apóstolos conseguiram expandir um pouco mais a área de atuação, como Filipe e André. Filipe levou o Evangelho a várias regiões, como o Egito e a Etiópia; depois, estabeleceu-se em Hierápolis. Enquanto isso, o Apóstolo André pregou na Ásia Menor e na Cítia, estendendo sua mensagem até a Rússia.

Os primeiros passos da Igreja

Contudo, quem evangelizou em mais lugares foi o Apóstolo Paulo, alguém, como ele mesmo disse, "nascido fora do tempo" (cf. 1 Coríntios 15.8). Paulo percorreu um grande território e passou por regiões distantes, como a Itália e a Macedônia, em suas jornadas missionárias. Durante toda a trajetória, proclamou as Boas Novas, estabeleceu comunidades cristãs e enfrentou desafios inimagináveis. Junto a seu fiel parceiro ministerial, Barnabé, partiu de Antioquia e atravessou esse mundo hostil, no qual enfrentou riscos constantes.

A seguir, investigaremos a trajetória dos apóstolos Paulo e João, bem como os discípulos que os sucederam e perpetuaram a tradição profética legada pelos pioneiros da Igreja.

Paulo

Na infância, Paulo foi para Jerusalém e aprendeu a Lei com Gamaliel (cf. Atos 22.3), o mais importante rabino fariseu da época. Quando adulto, viveu a experiência transformadora da visão no caminho para Damasco. Depois, teve o momento de êxtase relatado em 2 Coríntios 12.2-4 e finalmente iniciou suas significativas missões apostólicas.

Antes de sua conversão ao cristianismo, era um fervoroso perseguidor dos seguidores de Cristo. Estava presente durante a execução de Estêvão (cf. Atos 7.58), o primeiro mártir cristão, e buscava de forma incessante a prisão e punição de cristãos. No entanto, sua vida mudou drasticamente quando teve um encontro com Jesus ressurreto.

Paulo dedicou sua vida a espalhar a mensagem do Evangelho e a estabelecer comunidades cristãs em várias regiões. Diferentemente dos outros apóstolos, que costumavam se concentravam em áreas judaicas e nas comunidades que já tinham alguma familiaridade com o judaísmo, a prioridade de Paulo foi a pregação entre os gentios — os não judeus.

Essa abordagem ousada e pioneira teve consequências desafiadoras. Ele enfrentou perseguição, prisões, rejeição e hostilidade em sua missão. No entanto, com coragem e dependência de Deus, superou as dificuldades e persistiu na divulgação da mensagem de salvação.

Os escritos de Paulo, incluídos no Novo Testamento, são considerados textos canônicos.[1] Suas cartas, como a epístola aos romanos, a primeira epístola aos coríntios e a epístola aos gálatas, fornecem uma base teológica e ética para a fé cristã.

João

A influência política da Igreja Primitiva e o papel desempenhado pelo Apóstolo João eram impactantes a ponto de perturbar o Imperador Domiciano[2]. Por causa disso e preocupado com a possibilidade de as ações de João poderem provocar uma rebelião política contra o Império, o imperador determinou o exílio dele na ilha de Patmos, onde permaneceu por algum tempo e escreveu o livro de Apocalipse. A primeira

---

[1] N. E.: o assunto do cânon bíblico será aprofundado no capítulo 8.

[2] N. E.: Domiciano, da dinastia flaviana, governou o Império Romano entre 81-95 d. C. e é conhecido por sua crueldade e perseguição aos cristãos.

Os primeiros passos da Igreja

carta escrita por ele foi 3 João, seguida por 2 João e 1 João. Possivelmente, seu último trabalho foi o evangelho que carrega o seu nome. À medida que as perseguições aumentavam e as heresias surgiam, as pessoas começaram a perceber a relevância de seus escritos.

Embora não haja registros históricos precisos sobre sua prisão na ilha de Patmos por Domiciano, é aceito entre os estudiosos que João tenha sido exilado ali durante o governo citado. Após ser liberto, estabeleceu-se em Éfeso para assumir a liderança da congregação, depois da partida de Timóteo e do falecimento de Paulo.

A igreja de Éfeso se destacava como a mais proeminente e influente, uma vez que os cristãos haviam se refugiado lá devido à perseguição em Jerusalém e Roma. Além disso, a cidade era considerada moderna e cosmopolita, aberta a diversas crenças. Quando João faleceu, aos 94 anos, Policarpo assumiu a liderança da comunidade, seguido por Papias, ambos com a mesma idade. Juntos, realizaram um notável trabalho de sucessão pastoral, o que permitiu o contínuo crescimento e expansão da Igreja.

Embora não tenha promovido um levante político direto contra o Império Romano, sua mensagem e seus ensinamentos influenciam os cristãos espiritual e moralmente até hoje. A força e a energia de João, aliadas à sua autoridade como apóstolo e testemunha ocular dos ensinamentos de Jesus, contribuíram para a expansão do cristianismo e o fortalecimento do Corpo de Cristo — não somente em Éfeso, mas também em outras comunidades.

Sangue, suor e lágrimas

Os outros discípulos

André	Pregou para os citas e trácios.
Tiago, irmão de André	Pregou na Judeia e foi decapitado por Herodes.
Filipe	Pregou na Frígia (Ásia Menor).
Bartolomeu	Pregou na Índia.
Mateus	Escreveu o evangelho que leva seu nome e morreu em Hieres, uma cidade da Partia.
Tomé	Pregou entre os partas, medos e persas; depois, até a Índia.
Tiago, filho de Alfeu	Foi apedrejado até a morte pelos judeus ao pregar em Jerusalém.
Judas Tadeu	Pregou em Edessa e em toda a Mesopotâmia.
Simão, o zelote	Também chamado de Judas, tornou-se bispo de Jerusalém depois de Tiago, o Justo, e foi enterrado lá quando morreu, aos 120 anos.
Matias	Pregou em Jerusalém, onde morreu e foi sepultado.

Os apóstolos e seus discípulos

Pedro João Paulo	Clemente de Roma	Tertúlio			Cipriano
João	Policarpo Justino Taciano		Inácio Irineu Hipólito Caio		
Marcos	?	Panteno	Clemente de Alexandria	Orígenes	Gregório
Paulo	?	Mathetes			

Os sucessores dos doze apóstolos

Podemos observar, por meio dos quadros anteriores[3], que uma sucessão ininterrupta de liderança apostólica e profética perdurou por muitos anos após Jesus e Seus doze apóstolos.

Todos esses indivíduos, sucessores dos apóstolos, exerceram uma notável influência na história da Igreja e deixaram um legado que reverberou por várias gerações. Marcos, por exemplo, fazia parte desse grupo e foi autor de um dos evangelhos. Na realidade, é provável que ele tenha atuado como intérprete de Pedro, o principal pensador por trás desse evangelho, de

---

[3] N. E.: as tabelas foram retirada do livro *Ancient Church fathers: what the disciples of the apostles taught,* de Ken Johnson, publicado em 2010.

Sangue, suor e lágrimas

quem teria recebido os relatos que, posteriormente, registraria. Além disso, Marcos pregou no Egito e morreu arrastado por uma carruagem de cavalos, na cidade de Alexandria.

E os setenta mencionados em Lucas 10.1? Quais centros de obras foram abertos por eles? Há diversas listas que os nomeiam, mas aqui vamos reproduzir a de autoria atribuída a Hipólito:

1. Tiago, bispo de Jerusalém;

2. Cleófas, bispo de Jerusalém;

3. Matias, o décimo seguindo apóstolo, substituto de Judas Iscariotes;

4. Tadeu;

5. Ananias, que batizou Paulo e foi bispo de Damasco;

6. Estêvão, o primeiro mártir;

7. Filipe, que batizou o eunuco;

8. Prócoro, bispo de Nicomédia;

9. Nicanor, que morreu quando Estêvão foi martirizado;

10. Timão, bispo de Bostra;

11. Parmenas, bispo de Soli;

12. Nicolaus, bispo de Samaria;

13. Barnabé, bispo de Milão;

14. Marcos, o evangelista, bispo de Alexandria;

Os primeiros passos da Igreja

15. Lucas, o evangelista;

16. Silas, bispo de Corinto;

17. Silvano, bispo de Tessalônica;

18. Crescêncio, bispo de Carchedon, na Gália;

19. Epeneto, bispo de Cartago;

20. Andrônico, bispo da Panônia;

21. Ampliato, bispo de Odissa;

22. Urbano, bispo da Macedônia;

23. Stachys, bispo de Bizâncio;

24. Barnabé, bispo de Heracleia;

25. Fígelo, bispo de Éfeso;

26. Hermógenes;

27. Demas;

28. Apeles, bispo de Esmirna;

29. Aristóbulo, bispo da Bretanha;

30. Narciso, bispo de Atenas;

31. Herodião, bispo de Tarso;

32. Ágabo, o profeta;

33. Rufus, bispo de Tebas;

Sangue, suor e lágrimas

34. Assícrito, bispo da Hircânia;

35. Flegonte, bispo de Maratona;

36. Hermes, bispo da Dalmácia;

37. Patrobulus, bispo de Puteoli;

38. Hermas, bispo de Filipos;

39. Lino, bispo de Roma;

40. Caio, bispo de Éfeso;

41. Filólogo, bispo de Sinope;

42. Olimpas;

43. Rhodion, que foi martirizado em Roma com Olimpas;

44. Lúcio, bispo de Laodiceia;

45. Jason, bispo de Tarso;

46. Sosípatro, bispo de Icônio;

47. Tércio, bispo de Icônio;

48. Erasto, bispo de Panellas;

49. Quarto, bispo de Beritu;

50. Apolo, bispo de Cesareia;

51. Cefas;

Os primeiros passos da Igreja

52. Sóstenes, bispo de Cólofon;

53. Tíquito, bispo de Cólofon;

54. Epafrodito, bispo de Andriace;

55. César, bispo de Dirráquio;

56. Marcos, primo de Barnabé, bispo de Apolônia;

57. Justo, bispo de Eleuterópolis;

58. Artemas, bispo de Listra;

59. Clemente, bispo da Sardenha;

60. Onesíforo, bispo de Cirene;

61. Tíquico, bispo de Calcedônia;

62. Carpo, bispo de Beroia na Trácia;

63. Evodus, bispo de Antioquia;

64. Aristarco, bispo de Apamea;

65. Marcos, que também é João, bispo de Bibloupolis;

66. Zenas, bispo de Diospolis;

67. Filemon, bispo de Gaza;

68. Aristarco;

69. Pudes;

70. Trófimo, que foi martirizado com Paulo.

Sangue, suor e lágrimas

A trajetória de vida desses homens serve, sem dúvidas, como exemplo inspirador e estimulantes para nós. Eles não recuaram perante desafios ou adversidades; demonstraram coragem, audácia e determinação inabalável, sem que ninguém pudesse deter seu compromisso. Diante de Roma e dos subsequentes impérios, mantiveram-se inquebrantáveis e não dobraram seus joelhos perante nenhum poder terreno.

> *A trajetória de vida desses homens serve, sem dúvidas, como exemplo inspirador e estimulante para nós.*

Parte 3

OS PRIMEIROS SÉCULOS DA IGREJA

Capítulo 6

Tempos difíceis para a Igreja Primitiva

Na terceira seção deste livro, embarcaremos em uma exploração abrangente dos primeiros séculos da Igreja. Durante esse tempo, muitos enfrentaram opressões e até morreram por causa da fé em Jesus.

O Imperador Nero desencadeou o primeiro período de perseguição intensa aos cristãos e tomou atitudes extremamente violentas, como atribuir à Igreja a responsabilidade pelo grande incêndio de Roma em 64 e usar o incidente como uma justificativa para iniciar ataques ao Corpo de Cristo. Durante o seu governo, 54 a 68 d.C., ocorreram severas repressões que resultaram na execução de muitas pessoas.

Algum tempo depois, em outro reinado, Plínio, o governador da Bitínia, escreveu uma carta ao Imperador Trajano[1] em busca de orientação sobre como lidar com os seguidores de

---

[1]   N. E.: Trajano (53-117) reinou em Roma de 98 a 117 e é conhecido por suas notáveis conquistas militares, inclusive a expansão do Império para o Leste e sua administração justa.

Jesus. Nessa correspondência, o nível de força utilizado contra a Igreja é explicitado. Plínio relata ter executado homens, mulheres, meninos e meninas que professavam a fé em Deus e expressa suas dúvidas quanto a continuar a matar todos os seguidores de Cristo que encontrasse ou restringir as execuções a certos indivíduos; também menciona ter forçado os cristãos a adorarem as estátuas de Trajano e a renegar Jesus, atitude a qual percebeu que os verdadeiros fiéis resistiam a essa ordem.

É importante ressaltar que, apesar dos períodos de intensa perseguição, também houve momentos de relativa tolerância em relação aos crentes nos primeiros séculos da era cristã. O nível de perseguição variava de acordo com as políticas e as atitudes dos imperadores romanos. Nesse contexto, um dos momentos mais difíceis ocorreu durante o governo de Diocleciano[2] que, no início do século IV, lançou a chamada "Grande Perseguição" com o objetivo de erradicar o cristianismo. Durante esse período, inúmeros seguidores de Jesus foram mortos, detidos e submetidos a torturas.

Todavia, o cenário de perseguição chegou ao fim com a ascensão do Imperador Constantino[3]. No ano de 313, ele promulgou o Edito de Milão, que estabeleceu a liberdade religiosa

---

[2] N. E.: Diocleciano governou de 284 a 305. Foi responsável pela divisão do Império Romano em duas partes (ocidental e oriental) e pela instauração do sistema de tetrarquia. A perseguição aos cristãos e a proteção das fronteiras são marcas de seu reinado.

[3] N. E.: Constantino, o Grande, foi imperador romano de 306 a 337. Ele é famoso por ter sido o primeiro a adotar o cristianismo e por implantar Constantinopla (atual Istambul), que se tornou a capital do Império Romano do Oriente e mais tarde do Império Bizantino.

Tempos difíceis para a Igreja Primitiva

e permitiu aos cristãos a prática da sua fé sem impedimentos. Com o passar do tempo, Constantino oficializou o cristianismo como a religião predominante no Império Romano e deu início a um período de novos desafios.

A seguir, veja uma tabela relacionando os principais imperadores romanos aos pais da Igreja que leva em consideração o nível de perseguição em cada imperador.

Imperador	Principais acontecimentos	Nível de perseguição	Observações
Tibério (14-37).	Morte e ressurreição de Jesus (32?).		
	Morte de Estêvão (34).		
Calígula (37-41).	Episcopado de Tiago, primeiro bispo de Jerusalém (37).	—	—
Cláudio (41-54).	Concílio de Jerusalém (49?).		
Nero (54-68).	Episcopado de Simão, segundo bispo de Jerusalém (62-107).	Intensa.	Primeiro período de perseguição intensa.
	Redação da epístola de Judas.		
	Morte de Paulo.		
	Lino (Primeiro bispo de Roma - 68).		

Sangue, suor e lágrimas

Vespasiano (69-79).	Destruição de Jerusalém.	Perseguições locais.	——
Domiciano (81-96).	Prisão de João.	Intensa.	Segundo período de perseguição intensa.
	Redação de Apocalipse (95).		
	Episcopado de Clemente, terceiro bispo de Roma (96).		
Trajano (98-117).	Martírio de Inácio, segundo bispo de Antioquia, entre 98 e 107.	Intensa.	Terceiro período de perseguição intensa.
	Episcopado de Papias, bispo de Hierápolis (60-130).		
Antonino Pio (138-161).	Martírio de Policarpo (156).	——	——
Marco Aurélio (161-180).	Martírio de Justino (165).	Intensa.	Quarto período de perseguição intensa.
	Cânon de Muratori original (170).		
	Martírio de Atenágoras e Irineu (177).		

Tempos difíceis para a Igreja Primitiva

Septímio Severo (193-211).	Irineu de Lyon (130-200), bispo de Lyon.	———	Quinto período de perseguição intensa.
	Tertuliano (160-220) em Cartago.		
	Clemente de Alexandria (150-215).		
	Orígenes leciona em Alexandria (entre 203 e 231).		
Alexandre Severo (222-235).	Hipólito de Roma, discípulo de Irineu, é martirizado (236).	Moderada.	———
	Exílio de Orígenes (entre 231 e 254).		
Décio (249-251).		Intensa.	Sexto período de perseguição intensa.
Valeriano (253-260).	Martírio de Cipriano, bispo de Cartago (258).		Sétimo período de perseguição intensa.
Diocleciano (284-305).	Bispado de Eusébio em Cesareia (314-337).	Intensa.	Última grande perseguição.
	Divisão do Império (285) por Diocleciano.		
Constantino (306-337).	Concílio de Niceia (325).	———	Emissão do Edito de Milão (313), o qual concedeu liberdade religiosa aos cristãos e pôs fim à perseguição.

MÁRTIRES

Os mártires da Igreja personificam a devoção e a coragem inabaláveis dos que amam a Jesus. Suas histórias transcendem o tempo e a geografia, representam a força do compromisso com o Reino e a defesa da verdade. Gostaria de mencionar todos os homens e mulheres que já perderam a vida por causa de Jesus, porém, devido às limitações de espaço, destaco somente algumas dessas histórias de ousadia e lealdade. Esses relatos são fontes inesgotáveis de inspiração para os seguidores de Cristo através dos séculos e lembranças vivas de um comprometimento inabalável com Deus e com a disseminação do Evangelho.

Inácio de Antioquia

Inácio (35-107) é um dos mártires mais famosos do cristianismo primitivo. Foi bispo de Antioquia e foi preso durante a perseguição de Trajano. Enquanto seguia para Roma, onde seria submetido à execução, redigiu diversas epístolas que refletiam sua fé intrépida e infundiam ânimo nas comunidades religiosas. Nos desdobramentos cruéis contra os cristãos sob o reinado de Trajano, Inácio foi lançado às feras no Coliseu de Roma. Sua determinação e seu testemunho o consagraram como símbolo de devoção e lealdade ao Evangelho.

A contribuição teológica de Inácio é notável, assim como sua defesa da autoridade episcopal. Foi um dos primeiros líderes cristãos a ressaltar a unidade eclesiástica e a importância da obediência aos bispos, vistos como sucessores dos apóstolos. Inácio incansavelmente defendeu a doutrina da encarnação de

Cristo e refutou visões heréticas que negavam Sua autêntica humanidade. Além disso, enfatizou o significado crucial da Eucaristia como veículo de comunhão com Jesus e expressou um profundo desejo de ser "trigo moído" em sacrifício a Deus.

Suas epístolas, escritas durante sua viagem a Roma, são valiosas fontes de informação sobre a vida da Igreja Primitiva e suas crenças. Essas cartas lançam luz sobre a estrutura da comunidade eclesiástica, a relação entre bispos e congregações e o papel vital dos mártires no contexto da fé.

Policarpo de Esmirna

Policarpo (69-155), bispo de Esmirna, nasceu em uma família cristã da alta sociedade em Esmirna, na Ásia Menor (atual Turquia). Sua vida e legado foram transmitidos por meio das narrativas de Irineu, também conhecido como o "apóstolo da França" e sucessor de Timóteo em Lyon.

Desde a juventude, Policarpo desfrutou da rara oportunidade de ser discípulo direto do apóstolo João, além de ter também conhecido outros seguidores que conviveram com Jesus. Essa proximidade com os primeiros discípulos do Salvador deixou uma marca profunda em sua fé e trajetória, a ponto de transformá-lo em um exemplo notável de devoção e coragem, mesmo diante de oposição.

Depois de dezesseis anos de dedicação e serviço, Policarpo foi escolhido e consagrado pelo apóstolo João para assumir o papel de bispo de Esmirna, uma posição de grande relevância.

Todavia, durante o governo de Marco Aurélio[4], a perseguição contra os cristãos se intensificou. Policarpo foi detido e apresentado às autoridades por se recusar a renegar sua fé em Cristo. Mesmo diante das ameaças de tortura e morte, permaneceu firme.

Com resiliência inquebrantável, Policarpo afirmou: "Por oitenta e seis anos servi a Cristo, e Ele nunca me fez mal. Como posso blasfemar contra meu Rei, que me salvou?"[5]. Essas palavras refletem uma vida de lealdade e devoção ao Pai. Condenado à morte na fogueira, o mártir manteve sua chama interior acesa até o último instante, e seu testemunho ecoa ainda hoje.

Irineu de Lyon

Discípulo de Policarpo de Esmirna, Irineu de Lyon, de fato, foi um dos mais importantes teólogos do segundo século. Nasceu por volta do ano 130 e foi fundamental para a defesa da ortodoxia cristã contra as heresias que surgiram em sua época.

Durante a perseguição em Lyon, Irineu foi preso e martirizado por causa de sua fé por volta de ano 200. Embora os detalhes específicos da sua morte não sejam amplamente conhecidos, é sabido que ele sofreu pela causa do Evangelho. Sua disposição em permanecer fiel à fé cristã, mesmo diante da perseguição, é um testemunho de sua devoção e coragem.

---

[4] N. E.: Marco Aurélio foi imperador romano de 161 a 180. Seu reinado foi marcado por desafios militares e governamentais, e ele é lembrado por sua sabedoria e busca pela virtude em meio às dificuldades.

[5] Clemente et al, *Pais apostólicos*, 2013, e-book.

Tempos difíceis para a Igreja Primitiva

Irineu é lembrado principalmente por sua obra *Contra as heresias*, na qual refuta várias doutrinas heréticas e defende a fé ortodoxa. Seu trabalho é uma das fontes mais valiosas para o estudo do gnosticismo e das correntes heréticas do segundo século. Irineu também enfatizou a importância da sucessão apostólica e da tradição na preservação da verdadeira fé.

Justino Mártir

Justino Mártir (100?-165), também conhecido como Justino de Roma, ocupou um lugar significativo entre os primeiros apologistas e mártires do cristianismo primitivo. É reconhecido como um dos primeiros pensadores cristãos a empreender uma defesa racional da fé contra as acusações e críticas da sociedade pagã.

Durante a juventude, dedicou-se ao estudo da Filosofia e interagiu com várias escolas filosóficas. A busca incessante pela verdade o conduziu ao cristianismo, uma doutrina que, como a Filosofia, aborda as questões mais profundas da existência.

Como apologista, Justino ergueu uma muralha de argumentos para rebater as críticas e acusações originadas de filósofos pagãos e judeus. Em suas obras *Diálogo de Justino com Trifão* e *Apologias de Justino Mártir*, defendeu de forma eloquente o cristianismo, analisou a relação entre a fé cristã e o judaísmo, e reforçou os alicerces morais e doutrinários da Igreja.

Justino Mártir enfrentou a prisão em Roma durante o reinado do Imperador Marco Aurélio. Mesmo quando confrontado com a oportunidade de renunciar a Jesus e prestar adoração aos deuses romanos, manteve-se inabalável em sua crença e perseverou até o último suspiro. Sua recusa o levou à sentença de morte por decapitação.

Perpétua e Felicidade

Perpétua e Felicidade (martirizadas em 203) foram cristãs fiéis ao Senhor que viveram no norte da África no século III. Sofreram martírio durante a perseguição instigada pelo Imperador romano Septímio Severo[6].

Perpétua, uma jovem nobre, era casada e mãe de um bebê, enquanto Felicidade, sua escrava, estava grávida. Ambas foram detidas e mantidas em cativeiro. Mesmo diante dos apelos de suas famílias para que abdicassem de sua fé, mantiveram fidelidade inabalável ao Senhor.

Quando seu pai a instou a negar sua fé como meio de escapar da morte, Perpétua respondeu: "Pai, veja este objeto, este jarro ou o que quer que seja". E ele confirmou: "Vejo". Ela continuou: "Ele pode ser chamado por qualquer outro nome além do que é?", ao que ele respondeu: "Não". "Da mesma forma, eu também não posso ser chamada de outra coisa senão o que sou, uma cristã".[7]

Após um período de cárcere, foram conduzidas ao anfiteatro de Cartago, onde enfrentaram diversos tormentos e sofrimentos. Mesmo depois de sobreviverem a essas provações,

---

[6]   N. E.: Septímio Severo reinou entre 193 e 211, sendo o pioneiro proveniente de uma província, sem ascendência romana, a alcançar a posição de imperador.

[7]   "A Paixão de Santa Perpétua e Santa Felicidade: tradução anotada", *Rónai - Revista de Estudos Clássicos e Tradutórios*, 2019, p. 48.

Tempos difíceis para a Igreja Primitiva

Perpétua e Felicidade foram lançadas às feras, o que resultou em ferimentos graves. Por fim, foram executadas à espada por soldados.

Santa Lúcia

Também conhecida como Luzia, Lúcia foi uma jovem de família abastada do século III. Convivia com os servos de seu pai e se aproximou de alguns escravos que foram adquiridos para os trabalhos da família. Dentre esses, uma jovem chamada Suzana se destacava — considerada "bárbara" devido à sua origem gótica —, tinha olhos verdes imponentes e um sorriso perene que projetava um brilho que parecia iluminar o ambiente.

Lúcia não disfarçava seu interesse em se aproximar de Suzana, pois sentia curiosidade a respeito do mistério que envolvia a figura enigmática. Suzana, desprovida de família, identidade, educação e quaisquer atributos valorizados pela sociedade, abraçava com alegria o pesado fardo de trabalho que lhe era imposto dia após dia.

Não demorou até tornarem-se amigas e Lúcia entender que Suzana era seguidora de Jesus de Nazaré. Naquela época, o cristianismo era categorizado como seita e, consequentemente, sujeito a perseguições violentas pelo Império. À medida que Suzana partilhava com a amiga os "relatos" proibidos sobre ser cristã — viver por meio da fé, considerar todos os que creem em Jesus como irmãos, estar sempre em comunhão e trilhar uma vida embasada na verdade, independentemente do custo —, a curiosidade de Lúcia crescia exponencialmente.

Sangue, suor e lágrimas

Em pouco tempo, o Evangelho criou raízes profundas em Lúcia, a qual, sob a tutela de Suzana, foi discipulada, e recebeu semanalmente as palavras de fé e esperança. Um laço especial as conectava. No entanto, a transformação da jovem não passou despercebida aos olhos da família, e sua identificação como cristã veio à tona, para consternação de seus pais.

A perseguição e o ostracismo tornaram-se partes inalienáveis da trajetória de Lúcia. Rapidamente, ela foi compelida a renunciar a sua fé, sob pena de ser condenada como centenas de outros "hereges" que haviam abandonado o politeísmo em favor da cruz. Ela arcou com o preço de sua devoção ao Senhor e sofreu ameaças de ser condenada à fogueira caso não negasse o seu Deus. Todavia, ela não cedeu, mesmo diante de tal dilema, e, em consequência, foi sentenciada. Ela teve seus olhos arrancados, foi sacrificada nas chamas de uma fogueira armada no centro de sua pacata cidade, para horror da família e da nobreza que, perplexa, assistia a tudo.

Outros mártires

Hipólito de Roma (170-235) foi um importante teólogo e líder eclesiástico em Roma. Engajou-se na oposição a várias heresias e reforçou a defesa da ortodoxia cristã. Contudo, durante o domínio do Imperador Maximino Trácio[8], ele foi detido

---

[8] N. E.: Maximino Trácio foi imperador de 235 a 238. Ascendeu ao poder durante um período tumultuado da história romana, e seu governo foi caracterizado por instabilidade, políticas autoritárias e desafios financeiros.

Tempos difíceis para a Igreja Primitiva

e relegado ao exílio. Nesse contexto, sofreu o martírio, ao ser arrastado por cavalos selvagens.

Policrônio (250), diácono em Esmirna, tornou-se vítima da perseguição perpetrada pelo Imperador Décio[9]. Padeceu torturas cruéis, inclusive teve o corpo queimado e manteve-se inabalável em sua fé até a morte.

Cipriano (200-258), bispo proeminente de Cartago, é conhecido por sua produção teológica e liderança firme. Sob o jugo da perseguição conduzida pelo Imperador Valeriano[10], foi encarcerado e, por não negar a sua crença em Jesus, condenado à decapitação.

ENSINAMENTOS PARA A GERAÇÃO ATUAL

Ao contemplarmos relatos como esses, de cristãos que entregaram até mesmo a própria vida por amor a Deus, é natural que sejamos quebrantados. Afinal, olhar para a Igreja atual ocasiona constrangimento e, inclusive, vergonha. É como se a geração de hoje transitasse por um caminho oposto. Muitos, especialmente os jovens, vivem imersos em si mesmos, sem experimentar o Evangelho de renúncia, doação e entrega incondicional de sua vida por Deus e pelo Reino.

---

[9]   N. E.: Décio reinou em Roma entre 249 e 251. Emitiu o famoso "decreto de Décio", o qual obrigava todos os cidadãos a adorarem os deuses romanos. A partir de Décio, a perseguição não era mais um ato de uma população local enfurecida, mas sim uma ordem imperial, que piorou ainda mais o cenário para os cristãos.

[10]   N. E.: Valeriano foi imperador de 253 até 260, durante a crise do terceiro século. Em 257, emitiu um edito imperial que proibiu o culto público cristão e restringiu o acesso aos cemitérios cristãos.

Sangue, suor e lágrimas

A preferência pelo caminho mais cômodo e conveniente tem se tornado evidente nesta geração. Muitos desejam colher os benefícios de ser discípulo de Jesus; contudo, relutam em se comprometer verdadeiramente como servos. Essa

> *A preferência pelo caminho mais cômodo e conveniente tem se tornado evidente nesta geração.*

tendência tem adquirido uma intensificação crescente. A era digital colaborou, ao possibilitar fama e informações sem filtro ou fonte, tornou possível uma nova realidade, que se estabeleceu em todas as áreas da sociedade, inclusive no contexto da fé e da proclamação do Evangelho.

O título "influenciador digital cristão" tem atraído e intrigado a geração. Muitas pessoas optam por desviar-se da jornada sacrificial e focada em Cristo para ganharem fama na internet. O uso das redes sociais ou de outras ferramentas tecnológicas para expandir o Reino de Deus e ganhar almas não é problemático. Paulo, com clareza, afirmou: "Tudo faço por causa do evangelho, para ser também participante dele" (1 Coríntios 9.23). No entanto, cada instrumento que empregamos deve conformar-se aos princípios estabelecidos nas Escrituras.

Precisamos ser fiéis aos direcionamentos da Palavra e evitar qualquer desvio, seja para a direita ou para a esquerda. Não devemos, por exemplo, desprezar a autoridade dos pastores que cuidam do rebanho, como também não devemos nos sentir no direito de nos tornarmos líderes ou mestres sem preparo, pois essa atitude viola toda uma cadeia de ensinamentos e doutrinas da Igreja.

Tempos difíceis para a Igreja Primitiva

Hoje, mais do que nunca, é necessário que aqueles que se dizem seguidores de Cristo vivam de acordo com os ensinamentos do Evangelho e sejam exemplos de amor, generosidade, perdão e serviço ao próximo. Por meio de uma vida transformada pelo Espírito Santo, podemos ser agentes de mudança em um mundo que tanto precisa de esperança e compaixão.

A história de cada um dos mártires relatados aqui deve nos conduzir à reflexão acerca da essência do Evangelho. O verdadeiro cristianismo nos convoca a renunciar a nós mesmos, a assumir a cruz em cada amanhecer e a seguir os passos de Jesus. Ele nos incentiva a amar a Deus acima de todas as coisas e a amar o próximo como a nós mesmos, mesmo que isso implique perseguições e opressões.

Dores de parto

A Igreja Primitiva e os avivamentos ao longo da trajetória eclesiástica foram resultados de dores de parto (cf. Gálatas 4.19), intercessão fervorosa, jejum e compromisso com o discipulado, estabelecidos por uma multidão de heróis da fé, muitos deles anônimos. No entanto, parece que essa visão se desvanece de forma progressiva no século XXI. Um falso evangelho, centrado nas ambições humanas e em satisfação pessoal, tem enganado muitos e ofuscado o anseio pela transformação de vidas, particularmente no que tange à evangelização dos perdidos e marginalizados.

Estamos testemunhando o surgimento de novos modismos que buscam apenas honra e fama não merecidas nem

Sangue, suor e lágrimas

sustentadas pelas cicatrizes do sofrimento e da fidelidade ao Senhor. Devemos refletir sobre qual caminho iremos seguir: imitaremos os passos dos dispostos a entregar a vida por Jesus ou viveremos um evangelho centrado em nós mesmos?

Desafio você a pensar em seu futuro e a tomar decisões à luz do exemplo desses homens e mulheres de fé. Não se deixe encantar pelo cristianismo humanista que não glorifica o nosso Deus e não tem força suficiente para enfrentar os desafios da vida. Que tenhamos um verdadeiro avivamento em nossa geração capaz de nos levar de volta aos pés da Cruz!

Você já se questionou sobre como será a Igreja da próxima geração? Não é preciso procurar muito para acharmos, no mundo de hoje, jovens que escolhem o caminho do falso evangelho por não desejarem sair da zona de conforto. Não optam por nenhum sacrifício em prol da proclamação da Palavra ou da preservação dos nossos princípios. Creio que ainda veremos muitos cederem aos seus caprichos pessoais e abandonarem a cruz de Cristo.

Hoje, vemos a impessoalidade da era digital, com seus "especialistas" que tomam o lugar dos antigos e experientes líderes que consagraram toda a vida ao serviço e à obediência a Jesus. Testemunhamos movimentos que buscam unicamente a glória e o reconhecimento, embora não merecidos, sem as marcas das provações e da lealdade ao Senhor e à comunidade, o que, certamente, é um grande desafio para os cristãos do século XXI.

Tempos difíceis para a Igreja Primitiva

AS PRINCIPAIS HERESIAS DOS PRIMEIROS SÉCULOS

Além das perseguições de natureza física, os cristãos também enfrentavam ameaças à integridade do Evangelho. Uma série de heresias e concepções antagônicas aos ensinamentos de Jesus emergiram e travavam uma batalha incessante pela supremacia da verdade.

Apresento algumas das principais heresias que perseguiram a Igreja Primitiva, são correntes heréticas enfrentadas pelos primeiros líderes eclesiásticos e que, mais tarde, resultaram no amadurecimento das doutrinas.

- Ebionismo: os ebionistas negavam a divindade de Jesus e grande parte do Novo Testamento; consideravam o Apóstolo Paulo um apóstata. Para eles, Jesus não passava de um judeu devoto e mestre inigualável. Havia sincretismo, já que muitos sacerdotes que recebiam o Evangelho tentavam mesclar os ensinos de Jesus com a fé judaica —aceitavam o Antigo Testamento e rejeitavam o Novo. O Concílio de Jerusalém, relatado em Atos 15, aconteceu justamente para refutar o conceito de que as doutrinas judaicas eram fundamentais para a Igreja.

- Arianismo: afirmava que o Pai havia criado Cristo e que este lhe seria subordinado. Assim, negava a Trindade e a divindade de Jesus.

- Docetismo: defendia que Jesus não era encarnado, já que considerava a matéria como inerentemente má e,

Sangue, suor e lágrimas

portanto, Deus não poderia aparecer em forma corpórea. Ao negar que o Filho teve um corpo, também negava que tinha sofrido na Cruz e ressuscitado dos mortos.

- Maniqueísmo: os maniqueístas acreditavam que o mundo é dividido entre trevas e luz; tanto um como outro lutam pelo domínio da natureza e do homem. Esse gnosticismo dualista afirmava que a alma, enredada pela matéria maligna, se liberta somente por meio do espírito e da inteligência.

- Carpocracianismo: rejeitava o Antigo Testamento e defendia que José era o pai de sangue de Jesus.

- Encratismo: proibia o casamento e aconselhava a abstinência total da carne. É deles que Paulo fala em 1 Timóteo 4.1-4.

- Marcionismo: propunha dois deuses distintos, um no Antigo Testamento e outro do Novo Testamento, propunha a rejeição "Deus mal" do Antigo.

- Nicolaísmo: influenciados pelos gnósticos, começaram a praticar o adultério e a comer carne oferecida aos ídolos. Essa heresia é citada em Apocalipse 2.6, 15.

- Gnosticismo: essa doutrina possui raízes em crenças religiosas pré-cristãs que provêm do Oriente, possivelmente da Pérsia, e infiltrou-se na Igreja, de modo a originar grave doutrina herege que os apóstolos Paulo, Pedro e João combateram em suas epístolas. O gnosticismo sustenta a existência de dois deuses, um bom e outro maligno. Conforme sua perspectiva, o mundo teria sido moldado pelo deus malévolo, um deus inferior a que se referem como o "demiurgo"; essa entidade seria o nosso Deus no Antigo Testamento. O marcianismo e o gnosticismo têm muitos pontos em comum, mas diferem em suas origens, detalhes cosmológicos e suas atitudes em relação às Escrituras. Os gnósticos também rejeitavam a noção de salvação por meio da morte e ressurreição de Jesus, não reconheciam a existência do pecado, dos anjos, dos demônios e sequer do pecado original. Para esse grupo, a alma humana é inerentemente boa e não precisa de redenção; o mal reside na matéria e no corpo humano, tidos como malignos. A força divina suprema e boa, conhecida como Pleroma 11 segundo o gnosticismo, enviou Jesus Cristo como um mensageiro, uma espécie de "avatar", portador da gnose — a revelação reservada a alguns eleitos e capaz de conduzir à salvação (libertação do corpo).

De acordo com o gnosticismo, Jesus não teria um corpo físico, apenas uma forma aparente (conceito conhecido como docetismo, do grego *dokeó*, que significa "aparente"). Nessa visão, o corpo de Cristo é ilusório, e Ele não foi crucificado. Essa doutrina também defende a ideia da reencarnação como via de salvação, aspecto que diverge radicalmente dos princípios cristãos.

---

[11] N. E.: Pleroma vem da palavra grega *pléróma*, que significa plenitude, e era usada pelos gnósticos para se referir à totalidade dos poderes divinos.

Sangue, suor e lágrimas

A explicação para o surgimento de tantas heresias está na realidade daquele tempo. Considere este cenário: anos após a crucificação de Jesus, grande parte dos apóstolos já havia falecido; a população, destituída de educação formal, tinha acesso apenas a histórias contadas para embasar sua fé. Tais circunstâncias criavam um terreno propício para a disseminação de heresias.

Todavia, o próprio Jesus, o Apóstolo Paulo e vários outros advertiram seus discípulos sobre essas heresias que viriam sobre a Igreja. Cristo disse: "— Cuidado com os falsos profetas, que se apresentam a vocês disfarçados de ovelhas, mas por dentro são lobos vorazes" (Mateus 7.15).

Cuidem de vocês mesmos e de todo o rebanho no qual o Espírito Santo os colocou como bispos, para pastorearem a igreja de Deus, a qual ele comprou com o seu próprio sangue. Eu sei que, depois da minha partida, aparecerão no meio de vocês lobos vorazes, que não pouparão o rebanho. E que até mesmo entre vocês se levantarão homens falando coisas pervertidas para arrastar os discípulos atrás de si. Portanto, vigiem, lembrando que, durante três anos, noite e dia, não cessei de admoestar, com lágrimas, cada um de vocês. (Atos 20.28-31)

Irmãos, peço que notem bem aqueles que provocam divisões e escândalos, em desacordo com a doutrina que vocês aprenderam. Afastem-se deles, porque esses tais não servem a Cristo, nosso Senhor, e sim a seu próprio ventre. Com suaves

palavras e lisonjas, enganam o coração das pessoas simples.
(Romanos 16.17-18)

Assim como surgiram falsos profetas no meio do povo, também haverá falsos mestres entre vocês. Eles introduzirão heresias destruidoras, chegando a renegar o Soberano Senhor que os resgatou, trazendo sobre si mesmos repentina destruição. E muitos seguirão as suas práticas libertinas, e, por causa deles, o caminho da verdade será difamado. Movidos por avareza, eles explorarão vocês com palavras fictícias. Mas, para eles, a condenação decretada há muito tempo não tarda, e a destruição deles não caiu no esquecimento. (2 Pedro 2.1-3)

Pois certos indivíduos, cuja sentença de condenação foi promulgada há muito tempo, se infiltraram no meio de vocês sem serem notados. São pessoas ímpias, que transformam em libertinagem a graça do nosso Deus e negam o nosso único Soberano e Senhor, Jesus Cristo. [...] Esses são como rochas submersas nas festas de fraternidade que vocês fazem, banqueteando-se com vocês sem qualquer receio. São pastores que apascentam a si mesmos; são nuvens sem água impelidas pelos ventos; são árvores que, em plena estação dos frutos, continuam sem frutos, duplamente mortas e arrancadas pela raiz; são ondas bravias do mar, que espumam as suas próprias sujeiras; são estrelas sem rumo, para as quais está reservada a mais profunda escuridão, para sempre. (Judas 1.4,12-13)

Apesar de tudo isso, é importante reconhecer que as heresias tiveram um papel significativo em moldar a trajetória da Igreja, pois foram elas que instigaram os apóstolos a registrarem suas crenças por escrito e a convocar concílios para definir e afirmar a verdade das Escrituras, a qual chegou até nós hoje.

Os planos de Deus são perfeitos, e Ele sempre sabe a maneira certa de nos fazer crescer. Essas dificuldades não surgem para nos derrotar, mas, sim, para aprimorar a Igreja! Quando o Senhor permite essas provações, a intenção não é nos aniquilar, mas nos aperfeiçoar. Louvado seja o Senhor por todas as coisas!

Hereges e falsas doutrinas registradas na Bíblia

a. Diótrefes.

Escrevi algumas palavras à igreja, mas Diótrefes, que gosta de exercer a primazia entre eles, não nos dá acolhida. Por isso, quando eu for aí, farei com que se lembre das obras que ele pratica, proferindo contra nós palavras caluniosas. E, não satisfeito com isso, ele não recebe os irmãos, impede os que querem recebê-los e os expulsa da igreja. Amado, não imite o que é mau, e sim o que é bom. Quem pratica o bem procede de Deus; quem pratica o mal jamais viu a Deus. Quanto a Demétrio, todos dão bom testemunho dele, até a própria verdade. E nós também damos testemunho, e você sabe que o nosso testemunho é verdadeiro. Muitas coisas tinha para lhe escrever, mas não quis fazê-lo com tinta e pena, pois espero vê-lo em breve. Então conversaremos pessoalmente. A paz esteja com você. Os amigos mandam saudações. Dê saudações aos amigos, um por um. (3 João 1.9-15)

Diótrefes não quis ler a carta de João para a igreja, não recebia os irmãos e ainda os expulsava da comunhão. Era arrogante e ensinava de modo deturpado e pernicioso.

b. Elimas, o mágico.

Havendo atravessado toda a ilha até Pafos, encontraram certo judeu, de nome Barjesus, que praticava magia e era falso profeta. Ele estava com o procônsul Sérgio Paulo, que era um homem inteligente. O procônsul, tendo chamado Barnabé e Saulo, desejava ouvir a palavra de Deus. Porém o mago Elimas — e é assim que se traduz o nome dele — se opunha a eles, procurando afastar da fé o procônsul. Mas Saulo, também chamado Paulo, cheio do Espírito Santo, olhando firmemente para Elimas, disse: — Ó filho do diabo, cheio de todo o engano e de toda a maldade, inimigo de toda a justiça, por que você não deixa de perverter os retos caminhos do Senhor? Eis que, agora, a mão do Senhor está contra você, e você ficará cego, não vendo o sol por algum tempo. No mesmo instante, caiu sobre ele névoa e escuridão, e, andando em círculos, procurava quem o guiasse pela mão. Então o procônsul, vendo o que havia acontecido, creu, maravilhado com a doutrina do Senhor. (Atos 13.6-12)

Elimas foi o pai do gnosticismo. Depois de ser curado e liberto, foi para o Egito e fez um curso sobre a cabala (judaísmo esotérico). De lá, voltou com conceitos distorcidos, tornou-se um grande herege, resistiu ao Evangelho e começou uma escola para influenciar a outros com suas ideologias e seus pensamentos.

c. Nicolaítas.

"Além disso, estão também aí em seu meio os que seguem a doutrina dos nicolaítas" (Apocalipse 2.15). Nas cartas enviadas às igrejas de Éfeso e Pérgamo, o termo "nicolaítas" é mencionado em contexto negativo, para indicar uma heresia ou comportamento que os cristãos deveriam evitar.

d. Epicureus/estoicos.

Os epicureus criam na completa ausência de princípios que regem a vida e na busca ferrenha por prazeres racionais que não tragam desprazer ou prejuízo. Aconselhavam a indiferença e o desprezo pelos males físicos e morais (rigidez de princípios morais e austeridade).

E alguns dos filósofos epicureus e estoicos discutiam com ele, havendo quem perguntasse: — Que quer dizer esse tagarela? Outros diziam: — Parece pregador de deuses estranhos.

Tempos difíceis para a Igreja Primitiva

Diziam isso porque Paulo pregava Jesus e a ressurreição. (Atos 17.18)

Não faziam parte da Igreja, mas pregavam a filosofia grega, com a qual a civilização tinha contato.

e. Encratitas.
Os encratitas ("autocontrolados") eram uma seita cristã ascética do século II, que proibia o casamento e aconselhava a abstinência de carne. Na obra *História eclesiástica*, Eusébio afirma que Tatiano foi o criador dessa heresia.

Ora, o Espírito afirma expressamente que, nos últimos tempos, alguns apostatarão da fé, por obedecerem a espíritos enganadores e a ensinos de demônios, pela hipocrisia dos que falam mentiras e que têm a consciência cauterizada, que proíbem o casamento e exigem abstinência de alimentos que Deus criou para serem recebidos com gratidão pelos que creem e conhecem a verdade. Pois tudo o que Deus criou é bom, e, se recebido com gratidão, nada é recusável, porque é santificado pela palavra de Deus e pela oração. (1 Timóteo 4.1-5)

f. Himeneu e Alexandre.

Mantendo a fé e a boa consciência, porque alguns, tendo rejeitado a boa consciência, vieram a naufragar na fé. Entre esses estão Himeneu e Alexandre, os quais entreguei a

Sangue, suor e lágrimas

Satanás para serem castigados, a fim de que aprendam a não blasfemar. (1 Timóteo 1.19-20)

Esses homens prejudicaram tanto a Igreja e a autoridade dos apóstolos que Paulo chegou ao extremo de entregá-los a Satanás.

A Bíblia também aborda, de maneira indireta, o agnosticismo. Essa heresia considera inútil discutir temas metafísicos, pois, segundo essa visão, são realidades não atingíveis por meio do conhecimento. Para o grupo, a razão humana não tem a capacidade de fundamentar de modo racional a existência de Deus. Os seguidores acreditam não ser possível saber se Ele existe ou não; portanto, não há como ter certeza se pode nos salvar. A Palavra afirma que o Senhor é o criador de todas as coisas e que a Sua presença e existência são claramente manifestas na Criação (cf. Romanos 1.20). Essa visão é contrária à doutrina cristã da graça, que ensina ser a salvação um dom gratuito de Deus, recebido pela fé em Jesus.

As pessoas e heresias mencionadas foram apenas algumas das que se levantaram contra a Igreja da época apostólica e pós-apostólica, com a intenção de corrompê-la e destruí-la. Após a perseguição, o Corpo de Cristo se espalhou pelo mundo com a intrínseca necessidade de evangelizar, mudar vidas, espalhar as Boas Novas e mudar a sociedade.

Nos primeiros séculos e até hoje, muitos homens acreditam poder "pecar à vontade", com a mentalidade de que sempre serão perdoados. Assim, o pecado se torna um hábito.

Tempos difíceis para a Igreja Primitiva

Com isso, não vivem o Evangelho, o qual ensina que o poder do Senhor transforma a natureza e o caráter do homem. Nenhum homem pode ser salvo por seu próprio esforço ou alcançar justificação diante de Deus por si mesmo, mas pela fé em Jesus. A graça não é um prêmio que ganhamos por mérito, mas um presente recebido de um Pai amoroso e misericordioso. Entretanto, quando tal favor imerecido

> *Muitos homens acreditam poder "pecar à vontade", com a mentalidade de que sempre serão perdoados. Assim, o pecado se torna um hábito.*

é levado ao extremo e a obediência é negligenciada, trata-se de libertinismo, como no caso dos gnósticos. Não somos mais escravos do pecado, mas livres pela graça do Pai para viver uma vida santa, não para continuar pecando.

> *Pois certos indivíduos, cuja sentença de condenação foi promulgada há muito tempo, se infiltraram no meio de vocês sem serem notados. São pessoas ímpias, que transformam em libertinagem a graça do nosso Deus e negam o nosso único Soberano e Senhor, Jesus Cristo.* (Judas 1.4)

Infelizmente, encontramos hoje inúmeros líderes e pastores "facilitando" a mensagem da Cruz e a entrada das pessoas no Corpo de Cristo. Contudo, não há Evangelho sem renúncia, e o caminho para o Céu é estreito (cf. Mateus 7.13-14)!

> *Esses, porém, quanto a tudo o que não entendem, difamam; e, quanto a tudo o que compreendem por instinto natural, como*

Sangue, suor e lágrimas

animais irracionais, até nessas coisas se corrompem. Ai deles! Porque seguiram o mesmo caminho de Caim e, movidos por ganância, caíram no erro de Balaão, e foram destruídos na revolta de Corá. Esses são como rochas submersas nas festas de fraternidade que vocês fazem, banqueteando-se com vocês sem qualquer receio. São pastores que apascentam a si mesmos; são nuvens sem água impelidas pelos ventos; são árvores que, em plena estação dos frutos, continuam sem frutos, duplamente mortas e arrancadas pela raiz; são ondas bravias do mar, que espumam as suas próprias sujeiras; são estrelas sem rumo, para as quais está reservada a mais profunda escuridão, para sempre. Foi a respeito deles que também profetizou Enoque, o sétimo depois de Adão, dizendo: "Eis que o Senhor vem com milhares de seus santos, para exercer juízo contra todos e para convencer todos os ímpios a respeito de todas as obras ímpias que praticaram e a respeito de todas as palavras insolentes que ímpios pecadores proferiram contra ele." Esses tais são murmuradores, pessoas descontentes que andam segundo as suas paixões. A sua boca vive falando grandes arrogâncias; adulam os outros por motivos interesseiros. Mas vocês, meus amados, lembrem-se das palavras anteriormente proferidas pelos apóstolos de nosso Senhor Jesus Cristo. Eles diziam a vocês: "Nos últimos tempos, haverá zombadores, andando segundo suas ímpias paixões." São estes os que promovem divisões, seguem os seus próprios instintos e não têm o Espírito. (Judas 1.10-19)

Tempos difíceis para a Igreja Primitiva

Desejo que todo o panorama apresentado neste capítulo incentive você a refletir sobre o que é ser um verdadeiro seguidor de Jesus. Você está pronto para abraçar o Evangelho em todas as dimensões de sua existência sem se deter perante qualquer circunstância em seu caminho? Devemos estar preparados para conhecer as Escrituras, fugir das heresias e amar o próximo da maneira como Cristo nos amou e serviu, bem como para um testemunho real do impacto transformador da Palavra de Deus em nosso mundo.

Capítulo 7

O pensamento cristão

Desde a formação do pensamento cristão até os dias de hoje, os seguidores de Jesus sofrem perseguição e injustiça. Não é fácil ser fiel a Deus em um mundo caído, mas é possível para quem persevera. A partir de uma análise histórica, desvendaremos como, desde o início, a fé cristã fez questão de encarar, por meio de diálogos coletivos, tanto os desafios internos quanto os externos que se apresentaram. Neste capítulo, adentraremos no cerne do legado de sabedoria e discernimento do cristianismo e analisaremos como os concílios e os grandes pensadores consolidaram os alicerces da fé. Além disso, também apresentaremos um pouco sobre a trajetória de eminentes apologistas, muitos dos quais sacrificaram a vida e se dedicaram incansavelmente ao chamado que receberam, sem temer os perigos no caminho.

> *Não é fácil ser fiel a Deus em um mundo caído, mas é possível para quem persevera.*

O PAPEL DOS CONCÍLIOS

A convocação e realização de concílios foram uma reação da Igreja às heresias e ações essenciais para a formulação doutrinária e consolidação da ortodoxia eclesiástica cristã. Esses encontros, que reuniram líderes e teólogos, foram realizados com o propósito de abordar questões de natureza teológica, ética e disciplinar emergidas ao longo dos séculos. O primeiro Concílio, o de Jerusalém, foi convocado para resolver a questão da influência dos ensinos de Moisés na Igreja e da pressão dos sacerdotes que abraçaram o cristianismo, mas queriam fundir o ensino de Jesus com o judaísmo.

O mais significativo foi o Concílio de Niceia, realizado em 325. Essa assembleia foi convocada sob o patrocínio do Imperador Constantino e tinha o objetivo de discutir o arianismo, corrente questionadora da divindade de Cristo. Em Niceia, essa heresia foi refutada com a doutrina da Trindade; a crença na divindade de Jesus e em sua igualdade com o Pai foi defendida. Com o passar dos anos, porém, novas e antigas heresias continuaram a vir à tona.

Em 381, ocorreu o importante Concílio de Constantinopla, no qual o Credo Niceno foi reiterado e a divindade de Cristo e do Espírito Santo foi reafirmada. Depois de muitas décadas, foi convocado o Concílio de Éfeso, em 431. Nesse encontro, a heresia nestoriana, que postulava a existência de duas entidades distintas no Messias — uma humana e outra divina —, foi confrontada e refutada de maneira assertiva. Ali foi estabelecida a doutrina da união hipostática, defensora de

O pensamento cristão

que o Filho constitui uma única entidade, de quem duas facetas — natureza humana e divina — estão unidas de forma indissociável.

O Concílio de Calcedônia, ocorrido em 451, constituiu mais um marco de profunda relevância na história da Igreja. Nessa assembleia, a doutrina referente à natureza de Cristo foi elaborada e afirmada. Ficou, enfim, estabelecido que o Filho é plenamente homem e plenamente Deus, sem que haja qualquer confusão ou divisão entre as duas naturezas.

Com duração de 1545 a 1563, o Concílio de Trento é reconhecido como o último entre os grandes concílios anteriores à Reforma Protestante. Foi convocado em resposta aos desafios apresentados pelos reformadores protestantes, que tinham a intenção de reestruturar e revitalizar a Igreja. Durante as deliberações de Trento, tópicos cruciais como a autoridade das Escrituras, a justificação pela fé e os sacramentos foram discutidos.

Esses e outros concílios — como os de Cartago, Éfeso II e Constantinopla II — foram cruciais para o progresso da doutrina e a delimitação da ortodoxia. Nesses encontros, aconteceram debates teológicos intensos e foram tomadas de decisões significativas que forjaram os rumos da História e da fé. A principal missão dos concílios era estabelecer a unidade e a autoridade da Igreja. Durante esse período, os cristãos enfrentavam diversas heresias e se empenhavam para preservar a essência genuína do Evangelho.

> *A principal missão dos concílios era estabelecer a unidade e a autoridade da Igreja.*

Sangue, suor e lágrimas

Concílio de Niceia (325).

Principal tema: divindade de Jesus.

Resultou na formulação da primeira versão do Credo Niceno, que afirmava a crença na Trindade e na divindade de Cristo.

Concílio de Constantinopla (381).

Principal tema: questões teológicas relacionadas ao Espírito Santo e à natureza de Cristo.

Nele, foi elaborado o Credo Niceno-Constantinopolitano, que expandiu o Credo Niceno e reforçou ainda mais a crença na Trindade.

Concílio de Éfeso (431).

Principal tema: resolver a controvérsia nestoriana, que questionava a natureza de Jesus.

O concílio afirmou a união hipostática das duas naturezas de Cristo, divina e humana, em uma única pessoa.

Concílio de Calcedônia (451).

Principal tema: controvérsia monofisista, a qual defendia a ideia de que em Jesus tinha apenas a natureza divina.

O concílio reafirmou a doutrina da união hipostática, reconheceu duas naturezas distintas em Cristo, sem que uma se sobreponha à outra.

Concílio de Constantinopla II (553).

Principal tema: a Controvérsia dos Três Capítulos[1], que questionava a ortodoxia de três escritos cristãos.

O concílio condenou os textos e reafirmou, mais uma vez, a doutrina da união hipostática.

---

[1] N. E.: a Controvérsia dos Três Capítulos, ocorrida durante a controvérsia calcedônia, buscou a reconciliação entre os cristãos ortodoxos orientais das províncias romanas da Síria e do Egito com a Igreja Ortodoxa Romana. Os três textos foram: as obras de Teodoro de Mopsuéstia, alguns escritos de Teodoreto de Ciro e a carta de Ibas de Edessa para Máris de Calcedônia.

O pensamento cristão

> **Concílio de Constantinopla III (680-681).**
>
> **Principal tema:** heresia monotelista, que negava a existência de duas vontades e modos de operar em Jesus.
>
> O concílio afirmou que Cristo tinha duas vontades, divina e humana, unidas em harmonia.
>
> **Concílio de Niceia II (787).**
>
> **Principal tema:** A controvérsia iconoclasta, que envolvia a adoração de ícones religiosos e a preocupação de que isso pudesse ser considerado idolatria.
>
> O Concílio de Niceia II concluiu que a veneração de ícones era aceitável.
>
> **Concílio de Trento (1545-1563).**
>
> **Principal tema:** convocado em resposta à Reforma Protestante, teve como objetivo reformar a Igreja e fortalecer sua doutrina.
>
> O concílio abordou questões como a autoridade das Escrituras e da tradição, os sacramentos, a justificação pela fé e a disciplina clerical.

TOMÁS DE AQUINO

Devido às limitações de espaço, e por não se tratar do objetivo desta obra, optei por não mencionar todos os pro-eminentes pensadores da teologia que marcaram a trajetória eclesiástica. O foco será direcionado àqueles que, a meu ver, destacaram-se de maneira eminente. Reforço que reconhecer a importância de alguns de forma alguma minimiza o impacto dos demais teólogos.

Uma das figuras mais marcantes da história da Igreja foi Tomás de Aquino. Nasceu em 1225, na cidade de Roccasecca, Itália, e seu legado perdura até hoje, como consequência da

Sangue, suor e lágrimas

sua capacidade singular de amalgamar o cristianismo com o raciocínio filosófico. Profundamente influenciado pelas concepções aristotélicas, introduziu princípios lógicos e científicos que harmonizam com a teologia.

Desde a juventude, demonstrava proeminente propensão intelectual. Contrariou o desejo de sua família por uma carreira política ao escolher ingressar na Ordem Dominicana. Seus estudos na Universidade de Nápoles permitiram-lhe aprofundar-se na Filosofia, o que futuramente se manifestou de forma significativa em sua obra. A abordagem de Tomás de Aquino foi marcada por seus princípios de lógica e ciência natural. Procurou integrar esses princípios com a teologia cristã, baseando-se na convicção de que a fé e a razão não se contradizem, mas se complementam.

Uma de suas produções mais notáveis é a *Suma teológica*, na qual são abordadas diversas indagações teológicas e filosóficas, além de oferecer argumentos lógicos e racionais para questões como a existência de Deus, a natureza da fé e a intricada relação entre a graça divina e o livre-arbítrio. Aquino sustentou a concepção de que razão e fé podem harmonizar-se em um diálogo construtivo, o que permite aos crentes uma compreensão mais aprofundada da verdade divina por meio da reflexão intelectual. Ele acreditava que a razão humana, quando iluminada pela graça divina, tem a capacidade de alcançar um entendimento mais profundo acerca do Senhor e da Criação.

Aquino também é conhecido por abordar questões como a virtude e a ética em sua filosofia. Um de seus argumentos é que o supremo objetivo da vida humana reside na busca pela felicidade, um estado que ele identificou como auge da união com Deus. Para atingir essa harmonia, os indivíduos devem cultivar virtudes morais e viver em consonância com a lei divina. Sua obra teve impacto profundo na teologia e na filosofia ocidental. Ele apresentou uma perspectiva intelectualmente rigorosa para o estudo da fé. Suas ideias influenciaram o cristianismo e diversas correntes filosóficas até hoje.

AGOSTINHO DE HIPONA

Destaco também, ainda que de forma sucinta, a vida impressionante de Agostinho de Hipona, no cenário sombrio que marcou a história eclesiástica. Sua extraordinária habilidade intelectual em sintetizar as Escrituras de maneira singular para a sua época é, sem dúvidas, uma das suas características mais marcantes. Além de contribuir para a refutação de heresias como o gnosticismo, lançou os alicerces para a visão de governança secular baseada na fé cristã, especialmente por meio das obras *Confissões* e *A cidade de Deus*. Acredito que esta foi a base filosófica e ideológica para Carlos Magno construir seu grande legado.

Agostinho, nascido em Tagaste, no norte da África, em 354, teve uma vida intensa e tumultuada antes de se tornar um dos maiores teólogos que conhecemos. Santo Agostinho, como também é chamado, contribuiu para estabelecer doutrinas fundamentais que eram confundidas com as heresias no que diz respeito à graça de Deus e à lei. Foi um dos teólogos da história da Igreja que determinou ser a fé cristã não apenas um conjunto de crenças, mas também, acima de tudo, experiência sobrevinda do encontro pessoal com o Pai. Em sua obra, tratou de assuntos teológicos importantes como o pecado original, a graça divina e a predestinação, cuja influência penetrou profundamente na teologia ocidental.

Antes de se tornar teólogo, sua juventude foi repleta de incessante busca por significado e contentamento. Exposto a uma diversidade de correntes filosóficas e religiosas, Agostinho se entregou aos prazeres da vida e mergulhou nos estudos da retórica, o que o afastou dos caminhos espirituais. Apesar de suas realizações intelectuais e materiais, experimentava um vazio existencial que o impelia a sondar ainda mais as inquietudes de seu coração. Durante essa busca, entrou em contato com diversas abordagens filosóficas e cruzou o caminho do Bispo Ambrósio de Milão, cuja eloquência e sabedoria deixaram uma marca indelével no jovem de Hipona. A influência de Ambrósio foi fundamental para que Agostinho questionasse suas convicções e adotasse uma perspectiva séria sobre o cristianismo. A partir desse ponto, lançou-se no estudo das Escrituras e entregou-se à contemplação da filosofia cristã.

Um momento crucial em sua trajetória ocorreu em 386, quando, em um jardim em Milão, viveu uma experiência sobrenatural. Esse evento ficou conhecido como a "conversão de Agostinho". Imerso em crises pessoais e emocionais, ele escutou uma voz infantil lhe dizendo: "Toma e lê". Estava em suas mãos uma cópia das epístolas de Paulo. Logo abriu ao acaso no capítulo 13 de Romanos e deparou-se com as palavras que reconfigurariam sua existência: "Mas revistam-se do Senhor Jesus Cristo e não façam nada que venha a satisfazer os desejos da carne" (Romanos 13.14). Desse instante em diante, Agostinho experimentou convicção interior e clareza de raciocínio que o impeliram a abandonar suas antigas crenças e a consagrar-se por inteiro ao Senhor. Em 387, sob a bênção de Ambrósio, ele recebeu o batismo e caminhou para se tornar um dos mais ilustres teólogos e defensores da fé.

A conversão de Agostinho é um testemunho inigualável do poder de transformação do Evangelho. Sua busca por entender o vazio interior, a experiência mística e a entrega total a Cristo perduraram como fonte de inspiração para gerações de fiéis ao longo das eras. A saga de Agostinho nos faz refletir sobre como a fé cristã transcende amplamente um conjunto de crenças intelectuais e assume a forma de jornada individual e encontro com Deus. Apenas uma experiência verdadeira e autêntica com Ele tem o potencial de metamorfosear nosso interior e preencher o vazio do nosso coração.

A BATALHA DOS APOLOGISTAS

A Igreja Primitiva demorou a mudar sua posição defensiva e a focar em uma visão intelectual, sociológica e confrontante perante a cultura daquela época. Durante décadas, os cristãos foram considerados uma seita do judaísmo e carregaram o estigma de hereges, falsamente acusados por práticas como sodomia, infanticídio e canibalismo. Surgiram, no entanto, figuras como Tertuliano[2],

---

[2]   N. E.: Tertuliano foi um proeminente escritor do final século II e início do século III, conhecido por suas obras teológicas e apologéticas que defendiam e explicavam a fé em um contexto romano pagão. Foi o primeiro pai da Igreja a escrever em latim.

Inácio, Irineu, Justino e outros que impulsionaram o Corpo de Cristo a reagir diante de crises extravagantes e a criar uma estrutura de defesa robusta para a fé. Essa defesa era alicerçada na lógica e na ética social cristã, as quais eram especialmente cruciais nesse período. Nas páginas a seguir, há um resumo conciso sobre alguns evangelistas e suas contribuições.

A evangelização que trouxe perseguição

Conforme delineado por Bruce Shelley em sua obra *História do cristianismo*, houve três motivações fundamentais para a perseguição dos primeiros cristãos. A primeira é a maneira singular que viviam: em desacordo com as convenções predominantes. Eles agiam de forma diferente da maioria e adotavam um estilo de vida distintivo. A autodeclaração de santidade por parte dos cristãos provocava considerável indignação na sociedade em geral.

A segunda motivação é uma mentalidade equivocada difundida na sociedade, segundo a qual os cultos cristãos supostamente envolviam rituais sexuais excessivos e até mesmo canibalismo. Esse pensamento foi alimentado por interpretação errada da liturgia da santa ceia, na qual o corpo de Cristo é simbolizado pelo pão. Vale a pena salientar que, nessa época, os cultos eram resguardados em sigilo, o que intensificava a curiosidade e fomentava as mais diversas suposições.

A terceira causa da perseguição é a acusação de que os cristãos eram ateus. Uma vez que não adoravam nenhuma imagem e acreditavam em um Deus sem forma definida — onipotente,

O pensamento cristão

onisciente e onipresente — e em Jesus ressurreto, sem referência física concreta, algumas pessoas ficavam horrorizadas. É possível que a Igreja tenha criado imagens dos santos, e até de Cristo e Sua família, para se adequar à sociedade acostumada a adorar estátuas e imagens. Assim, os cristãos eram acusados de insultar os deuses do Estado.

Em *História do cristianismo*, Bruce Shelley registrou:

> Segundo a crença popular, a negligência aos deuses desencadeava catástrofes. Em *Apologia*, Tertuliano escreve: "Se o Tibre inundar a cidade, ou se o Nilo se recusar a subir, ou se o céu retiver a chuva, ou se houver terremoto, fome ou peste, virá de uma só vez o clamor: 'Lancem os cristãos aos leões!'".[3]

Em essência, os seguidores de Jesus eram injustamente culpados por muita coisa. Policarpo[4] foi um dos que enfrentou a estaca em chamas e orou para que sua morte se tornasse sacrifício aceitável a Deus.

> — Esse é o mestre da Ásia — gritavam —, o pai dos cristãos, o destruidor dos nossos deuses. Assim, Policarpo, orando para que sua morte representasse um sacrifício aceitável, foi queimado na estaca.[5]

---

[3] Bruce Shelley, *História do cristianismo: uma obra completa e atual sobre a trajetória da Igreja cristã desde as origens até o século XXI*, 2018, e-book.

[4] N. E.: Policarpo (69-155) foi bispo de Esmirna e autor de uma epístola preciosa para a igreja, a *Carta de São Policarpo aos filipenses*.

[5] *Ibidem*.

Sangue, suor e lágrimas

Em meio à hostilidade que marcou o nascimento do cristianismo, exacerbada pela prática intencional dos imperadores e governadores de atribuir aos cristãos a responsabilidade por tragédias, calamidades naturais, questões sociais e até eventos políticos, a sociedade em geral se voltou contra os seguidores de Jesus e os submeteu a leões, piras[6] e até mesmo crucificações. Após algumas décadas, diversas lendas infundadas foram disseminadas a respeito dos cristãos. Diante disso, os líderes religiosos foram compelidos a escrever livros e cartas para defender e elucidar a fé, o que deu início ao movimento apologético. Entre esses apologistas estão Inácio, Irineu, Justino, Papias[7], Policarpo, Orígenes, Clemente de Roma e outros, que perseveraram e arriscaram a vida ao publicarem abertamente textos a favor do cristianismo. Essas obras visavam estabelecer a legitimidade e a verdade do cristianismo perante a sociedade romana.

> *Diante disso, os líderes religiosos foram compelidos a escrever livros e cartas para defender e elucidar a fé, o que deu início ao movimento apologético.*

No desfecho do primeiro século, Clemente (35-97), bispo de Roma, compôs uma epístola aos crentes de Corinto.[8] Esse texto, tido como um dos primeiros escritos cristãos externos

---

[6] N. E.: pira é uma estrutura de madeira usada para queimar corpos em funerais ou execuções.

[7] N. E.: Papias de Hierápolis (70-155) escreveu uma rica fonte de informações sobre os evangelhos e tradições orais da fé cristã primitiva.

[8] N. E.: esse texto foi compilado e publicado em e-book sob o título de *Primeira carta de Clemente aos coríntios*, pela Editora Repositório Cristão, em 2021.

O pensamento cristão

ao Novo Testamento, aborda temáticas relativas à disciplina eclesiástica e incentiva a unidade entre os fiéis. Clemente invocou a autoridade da tradição apostólica para fundamentar sua perspectiva e fortalecer a fé dos coríntios.

Justino Mártir, figura proeminente entre os primeiros filósofos cristãos, produziu diversas obras apologéticas, entre elas *Apologias de Justino Mártir*. Nessa obra, está sua primeira apologia, dirigida ao Imperador romano Antonino Pio, que constituiu uma defesa do cristianismo contra acusações de ateísmo e imoralidade. Justino argumentou que os ensinamentos cristãos eram congruentes com os preceitos da filosofia grega e que os adeptos da fé eram cidadãos leais do Império.

Irineu de Lyon (130-202), teólogo e escritor do século II, foi outra figura notável. Sua obra mais renomada, *Contra as heresias*, é um tratado apologético que repeliu as doutrinas gnósticas e defendeu com fervor a ortodoxia cristã. Irineu sustentou a importância da sucessão apostólica e da autoridade das Escrituras como alicerces da verdadeira fé.

Por sua vez, Atenágoras de Atenas (130-190) foi outro filósofo e apologista do século II digno de reconhecimento. Sua obra primordial, intitulada *Embassy for the christians* ("Embaixada para os cristãos", em português), escrita por volta de 177, é uma carta dirigida aos imperadores romanos Marco Aurélio e Cômodo[9]. Nessa correspondência, ele defendeu veementemente o cristianismo de perseguições e acusações de imoralidade e ateísmo direcionadas aos cristãos. Atenágoras delineou

---

[9] N. E.: Cômodo reinou em Roma de 180 a 192 e é conhecido por seu comportamento errático e tirânico.

a verdade e moralidade do cristianismo, da mesma forma que realçou a singularidade de Deus, a ressurreição dos mortos e a superioridade ética dos preceitos cristãos em contraste com os ritos pagãos.

Orígenes (185-254), teólogo e erudito cristão do terceiro século, também redigiu diversos tratados de apologia. Seu trabalho intitulado *Contra Celso* é considerado um dos mais relevantes da época. Nessa obra, Orígenes rebateu as críticas lançadas por Celso, filósofo pagão, ao cristianismo. O teólogo apresentou fundamentos racionais e teológicos para sustentar a fé.

Além disso, muitos outros autores cristãos produziram cartas e tratados de defesa. Tertuliano, por exemplo, elaborou várias obras para contrapor os ataques provenientes do paganismo. No século IV, em *História eclesiástica*, Eusébio de Cesareia documentou a história dos mártires e apologistas anteriores, bem como forneceu minuciosos relatos de suas trajetórias e contribuições à causa da fé cristã.

Todos esses textos contribuíram para que o cristianismo chegasse até nós com uma base sólida. Eles não somente responderam a acusações e críticas dirigidas aos cristãos, mas também fortaleceram a fé dos adeptos e estabeleceram os pilares doutrinários da nossa religião. Ao empregar argumentos lógicos, referências bíblicas e recorrer à tradição apostólica, esses teólogos elaboraram uma defesa sólida e coerente da fé cristã. Enfrentaram perseguições, heresias e oposições filosóficas, mas perseveram e foram fiéis ao Evangelho até o fim.

Atualmente, as cartas e os tratados apologéticos dos primeiros séculos permanecem como uma fonte inestimável de

O pensamento cristão

sabedoria e inspiração para nós. Essas obras nos recordam da importância de ter fé inabalável, de aprofundar nosso estudo e compreensão das Escrituras, e de responder aos desafios contemporâneos de maneira compassiva e sábia. Ao explorar os escritos de Clemente, Justino, Irineu, Orígenes e outros apologistas, somos conduzidos a valorizar o legado dos que nos antecederam na defesa da fé com humildade e amor. Suas cartas e seus tratados nos convocam a refletir sobre nosso próprio papel como discípulos de Jesus e pregadores das Boas Novas.

Capítulo 8

As Escrituras

Neste capítulo, analisaremos quatro assuntos interligados que nos levarão a compreender melhor a história não só da Igreja, mas também das Escrituras. Exploraremos os seguintes elementos: a formação do cânon bíblico, as contribuições visionárias de Erasmo de Roterdã, a evangelização na Rússia e o nascimento do islã. Esse conjunto nos convida a examinar como as ações do passado moldaram o mundo que conhecemos hoje e contribuíram para que tivéssemos acesso à Palavra de Deus.

CÂNON BÍBLICO

"Cânon" deriva do latim *canon*, que significa "linha de medição ou regra". Essa palavra passou a ser usada para avaliar se determinado texto poderia ser considerado em conformidade com um padrão. Assim, o cânon bíblico consiste na lista de livros inspirados por Deus que compõem as Escrituras e servem como testemunho da revelação divina. É a base e referência de

Sangue, suor e lágrimas

conduta cristã, além de critério pelo qual se avaliam e julgam pensamentos e doutrinas como corretos ou não.

No entanto, a constituição do cânon não ocorreu de maneira instantânea ou uniforme. Século após século, diversas comunidades religiosas e concílios eclesiásticos empenharam esforços significativos para estabelecer um corpo comum e confiável de crenças. No início da era cristã, uma multiplicidade de escritos foi produzida e circulou entre as comunidades, mas nem todos esses textos foram reconhecidos como inspirados e adequados para serem incluídos no cânon. A seleção dos livros que fariam parte da Bíblia foi norteada por critérios específicos. A evolução desses critérios variou com o passar do tempo entre diferentes tradições cristãs, mas geralmente envolvia fatores como a autoria apostólica, a conformidade doutrinária e a utilização litúrgica nas comunidades cristãs.

A população em geral dependia das narrativas transmitidas por indivíduos em quem depositavam confiança, especialmente porque, naquela época, a sociedade era composta em sua maioria por pessoas analfabetas e subjugadas, então apenas um pequeno grupo tinha habilidades de leitura e escrita. Nesse sentido, Marcião (85-160) destacou-se como um dos primeiros a tomar a iniciativa de compilar textos bíblicos em um único volume.

É possível que a primeira carta do Apóstolo Paulo aos tessalonicenses, escrita por volta de 50 d.C., seja o primeiro documento do Novo Testamento e tenha sido criada cerca de duas décadas após a morte e ressurreição de Cristo. A redação dos evangelhos ocorreu, inclusive, de maneira geral, depois das epístolas de Paulo, e a maioria das cartas paulinas foi elaborada na década de 50. Já o livro de Atos foi confeccionado em torno do ano 62, provavelmente depois do evangelho de Lucas. Quanto ao evangelho de Marcos, foi redigido por volta do ano 60 ou final da década de 50.

A Bíblia como um todo não precedeu as emanações, mas surgiu após elas. Não nascemos da teoria para a prática; em vez disso, viemos da experiência para a formulação teórica. Por essa razão, para mim, a ênfase fundamental recai na obtenção de uma vivência autêntica com Deus, já que esse encontro transforma nossos conceitos e nossa teoria.

> *Não nascemos da teoria para a prática; em vez disso, viemos da experiência para a formulação teórica.*

Septuaginta

Diferente dos escritos do primeiro século da era cristã, os textos do Antigo Testamento já haviam sido escritos há muito tempo, uma vez que fazem parte da tradição judaica. Posteriormente, o Antigo Testamento foi traduzido para o grego por dezenas de sábios judeus de Alexandria. Nessa cidade, a influência da cultura grega exerceu um impacto marcante sobre o judaísmo, pois era um centro de grande importância na cultura grega. Havia no coração dos judeus residentes em Alexandria o desejo de tornar sua fé acessível aos vizinhos instruídos. Assim, os escritos hebraicos foram traduzidos para a língua grega e compuseram a Septuaginta.

A criação dessa tradução ocorreu no Egito durante o governo de Ptolomeu II Filadelfo (285-247). A Septuaginta, também

Sangue, suor e lágrimas

chamada de LXX, não foi um empreendimento curto e simples, mas se desenvolveu ao longo de mais de um século. A tradução foi essencial para que os textos fossem lidos e estudados por cada vez mais pessoas.

Novo Testamento

Os primeiros registros do Novo Testamento surgiram aproximadamente 30 anos após a morte e ressurreição de Jesus. Paulo assumiu a tarefa de orientar as comunidades antes de Marcos, que atuou como secretário para o Apóstolo Pedro. Acredita-se que, já que Pedro não possuía proficiência em escrita, Marcos registou suas palavras e se tornou o autor do primeiro evangelho escrito.

Entretanto, Lucas apresentou um relato ainda mais minucioso do Messias. Ele conduziu pesquisas (cf. Lucas 1.1-4) e é possível que tenha entrevistado boa parte dos 500 a quem Jesus apareceu (cf. 1 Coríntios 15.6). Lucas estava especialmente habilitado para tal tarefa, pois, como médico, era instruído e tinha alta capacidade de observação. Ao contrário do cenário atual, os medicamentos eram muito raros, o que demandava dos médicos uma abordagem cuidadosa, minuciosa e precisa, a fim de garantir que os tratamentos se desenvolvessem com eficácia para não haver desperdício. Assim, eu particularmente acredito que o Apóstolo Paulo tenha dado a seu discípulo Lucas a missão de escrever o evangelho e o livro de Atos.

Em seguida, veio Mateus e, por fim, o Apóstolo João, cuja mentalidade grega fez que recebesse o apelido de "o evangelista platônico". Ele elucidou os princípios do Evangelho por meio

As Escrituras

da linguagem filosófica da época. Seu texto transcende o tempo e é repleto de teologia.

João provavelmente teve contato com os outros três evangelistas e sentiu a necessidade de centrar sua atenção na figura de Cristo e em Suas palavras, mais do que em Suas ações. É notável o uso de expressões exclusivas nesse evangelho. Outra característica marcante é a ênfase dada às interações dos discípulos com Jesus, além de uma distinta importância atribuída ao Espírito Santo.

A título de curiosidade, montei uma breve linha do tempo da vida de João, levando em conta seus escritos.

A crucificação de Cristo (32).
Concílio de Jerusalém (49).
João começa a implantar igrejas.
Os gnósticos surgem e começam a corromper as igrejas.
João envia discípulos para combater as heresias.
Diótrefes (3 João 1.9) se recusa a cooperar.
João escreve a Diótrefes e não tem resposta.
João escreve a epístola 3, endereçada a Gaio.
João escreve a epístola 2, direcionada a uma senhora não mencionada.
Bispos da área pedem ajuda a João.
João escreve a epístola 1, para todos os interessados.
João é preso em Patmos (95).
João escreve o livro de Apocalipse (95).
João retorna a Éfeso (96).
João morre em Éfeso entre 98-118.

As cartas paulinas

Nos primeiros anos de seu ministério, o Apóstolo Paulo não foi prontamente aceito; no entanto, suas cartas ganharam influência à medida que sua coerência e dedicação à Igreja se tornaram evidentes. Inicialmente, a obediência à orientação de Paulo por parte da Igreja estava fundamentada no poder de sua experiência. Ele mesmo reconhecia que sua credencial apostólica não residia apenas em palavras, mas nos sinais e maravilhas que Deus operava por intermédio dele. As gerações subsequentes testemunharam os resultados do ministério de Paulo, reconheceram a santidade de seu trabalho, elevaram suas cartas ao status de sagradas e as incluíram no cânon bíblico, o que marcou o início do protótipo canônico.

O desenvolvimento do cânon

Por volta dos séculos III e IV, o texto do Novo Testamento existia em variadas formas e versões. Não havia uma compilação organizada em um único livro. Diferentes partes foram reunidas em momentos distintos por várias pessoas. Além disso, nesse período coexistiam duas versões do Antigo Testamento, uma em hebraico e outra em grego. O grego era a língua predominante naquela época e região, e havia distinções entre as duas versões.

A população hebraica enfrentou perseguições, foi dispersa e, consequentemente, sua língua aos poucos perdia influência até deixar de ser o idioma oficial do povo. O renascimento do hebraico ocorreu apenas em 1948, com o estabelecimento

As Escrituras

do Estado de Israel. Além disso, também havia o aramaico, língua falada por Jesus e seus discípulos. A multiplicidade de línguas e versões dos textos pode ser considerada uma característica valiosa, embora, em algumas ocasiões, tenha sido vista como limitadora das Escrituras.

Ao contrário do que muitos podem imaginar, o Novo Testamento não nasceu pronto. A definição do cânon bíblico somente ocorreu durante os concílios sinodais de Roma (382) e nos concílios norte-africanos

> *Ao contrário do que muitos podem imaginar, o Novo Testamento não nasceu pronto.*

de Hipona (393) e Cartago (397 e 419). Antes disso, houve um período complexo em que não havia registros oficiais escritos sobre o Evangelho, o que deu margem ao surgimento de muitas heresias.

Nessa época, a organização de um cânon não era a prioridade. Somente no segundo século, após João estabelecer-se em Éfeso, os cristãos começaram a ponderar sobre essa questão, o que levou à criação do primeiro conjunto de escritos. Chamado de cânon de Muratori, a reunião de textos constitui o mais antigo registro referente ao Novo Testamento. Conforme afirma Frederick Fyvie Bruce, em *O cânon das Escrituras*, o fragmento muratoriano, datado de por volta do ano 160, foi descoberto na Biblioteca Ambrosiana de Milão por Ludovico Antônio Muratori (1672 – 1750), publicado em 1740 e nomeado em sua homenagem.

Ainda nos primeiros séculos, como doutor das Escrituras Sagradas, Jerônimo desempenhou o papel crucial de traduzir

Sangue, suor e lágrimas

a Bíblia do hebraico e do grego para o latim, entre o final do século IV e o início do V. Ele deu início à tradução do Novo Testamento em 390 e, depois, prosseguiu com a tradução do Antigo Testamento. Vulgata foi o nome dado para a obra criada com o objetivo de ser mais precisa e de mais fácil compreensão do que suas antecessoras. Ela se destacou como a primeira e, por vários séculos, única versão da Palavra que traduziu o Antigo Testamento diretamente do hebraico, em vez de se basear na tradução grega (Septuaginta).

Jerônimo defendia a validade e inspiração da Septuaginta, mas advogava pela necessidade da sua própria tradução, conforme afirma Pierre Maraval, em *Jerônimo: tradutor da Bíblia*. No ano de 405, ele concluiu a obra. Apesar dos desafios enfrentados durante o processo de composição da tradução, o apoio a seu trabalho cresceu devido à maneira como espelhava uma experiência profundamente enraizada de conexão com Deus. O poder do nome de Jesus e a influência do Espírito Santo fluíam do texto bíblico com autoridade indiscutível.

É muito interessante pesquisar sobre esse período e notar que apenas uma pequena parcela da população mundial tinha habilidades literárias. Saber ler e escrever era raro, em especial entre os cristãos, que muitas vezes enfrentavam perseguições e marginalização. Nesse contexto de escassez intelectual, surgiu a necessidade de incorporar imagens de forma didática. Histórias narradas eram o meio pelo qual as mensagens alcançavam o povo, e as imagens se tornaram ferramentas pedagógicas eficazes para disseminar o Evangelho. Se até hoje contar histórias é uma das formas mais eficazes de ensinar,

As Escrituras

imagine naquela época. A Igreja superou barreiras, adaptou-se à necessidade do povo e empregou uma linguagem acessível que possibilitou a disseminação do ensino evangélico para todas as classes sociais, não somente para as eruditas.

Sob o governo de Constantino, o Corpo de Cristo ganhou prestígio e influência. Ele foi o primeiro imperador romano publicamente convertido ao cristianismo e desempenhou um papel fundamental ao revogar as proibições ao culto cristão no início do século IV. Em 325, Constantino convocou o Concílio de Niceia, no qual se reuniram proeminentes bispos do cristianismo primitivo para revisar e organizar os dogmas dos seguidores de Cristo.

Décadas depois, em 380, o novo imperador, Teodósio I, declarou o cristianismo como religião oficial do Império Romano. No meu entendimento, o excesso de poder corrompeu a Igreja a ponto de ela crescer tanto que seus líderes se apoderaram da verdade e quiseram ser o centro de todo tipo de poder — político, eclesiástico e até mesmo científico. Eles começaram a "esconder" os textos bíblicos e os liam somente em latim, mesmo que o povo não entendesse a língua. Poucos tinham acesso aos escritos sagrados; afinal, os líderes sabiam que a Palavra não apoiaria tal abuso de poder.

> *O excesso de poder corrompeu a Igreja a ponto de ela crescer tanto que seus líderes se apoderaram da verdade e quiseram ser o centro de todo tipo de poder.*

Sangue, suor e lágrimas

Bíblia na Idade Moderna

Em 1516, Erasmo de Roterdá publicou a primeira edição do Novo Testamento em grego. Ele tinha profundo conhecimento tanto do grego quanto do latim. Sua habilidade lhe permitiu comparar as traduções latinas da Bíblia, como a Vulgata, com os manuscritos gregos mais antigos das Escrituras (Novo Testamento). É plausível afirmar que Erasmo foi o pioneiro da revisão bíblica.

Pela primeira vez na história, o Novo Testamento em grego foi disponibilizado em formato impresso. Versões posteriores e refinadas desse texto contribuíram para o desenvolvimento de edições ainda mais aprimoradas em diversos idiomas. Ele foi o pioneiro entre diversos tradutores como: Martinho Lutero, que verteu para o alemão; Antonio Brucioli, que disponibilizou o texto em italiano; Francisco de Enzinas, responsável pela versão espanhola.

John Wycliffe foi o primeiro tradutor da Bíblia para o inglês médio a partir da Vulgata Latina. A primeira edição foi disponibilizada em 1382, seguida pela segunda em 1385, por John Purvey, seu assistente. A tradução bíblica de Wycliffe foi a primeira feita para uma língua moderna europeia.

A partir do surgimento da imprensa, o gráfico alemão Johannes Gutenberg[1] foi o primeiro a imprimir a Bíblia (entre 1450 e 1455). Suas contribuições, bem como as de Lutero, Wycliffe e outros notáveis, foram importantes para que a Palavra

---

[1] N. E.: Johannes Gutenberg (1396-1468) foi o primeiro a usar a prensa e tipos móveis de metal, invenções revolucionárias para a técnica de impressão.

atraísse cada vez mais atenção das pessoas. Antes da revolução promovida pela imprensa de Gutenberg, o acesso às Escrituras também era dificultado pela questão financeira. A produção de um livro dessa natureza e tamanho exigia um empreendimento colossal. Como exemplo de custo duas folhas dobradas de pergaminho, um material da época, custavam o preço uma ovelha ou cabra e equivalia a quatro folhas do manuscrito; o tamanho das folhas estava diretamente ligado ao porte do animal.

Para confeccionar um manuscrito de dimensões médias — entre 200 e 250 páginas, com um formato de 25 x 19 cm —, o que incluiria apenas os evangelhos, seriam necessárias peles de pelo menos 50 a 60 ovelhas ou cabras. Isso nos dá um pequeno vislumbre do quão cara era a produção de um manuscrito do Novo Testamento naquela época. O custo e a restrição eram significativos, tornando a encomenda de uma cópia das Escrituras algo acessível apenas a quem possuísse recursos substanciais.

ERASMO DE ROTERDÃ

No século XVI, muitas décadas depois da impressão dos primeiros exemplares da Bíblia, surgiu um movimento crítico a respeito da Palavra, que, nesse período, já era de mais fácil acesso. Tornaram-se, então, visíveis as variações nas traduções tanto na questão vocabular como na existência ou não de algumas passagens bíblicas em diferentes versões.

Sangue, suor e lágrimas

Nesse contexto, é essencial examinarmos a contribuição de Erasmo de Roterdã por meio de sua edição e publicação do Novo Testamento em grego, o *Novum Instrumentum omne*, publicado pela primeira vez em 1516. Ele foi um renomado filósofo e teólogo do Renascimento a quem é atribuída a famosa declaração: "Quando eu tenho algum dinheiro, eu compro livros. Se sobra algum dinheiro, eu compro comida e roupas". Essa citação reflete a paixão de Erasmo pela leitura e sua dedicação ao conhecimento. O compromisso com o estudo e a busca pelo saber são características que permearam sua vida e seu legado. Ele ajudou a desmistificar a Bíblia e influenciou, de certa forma, o campo do criticismo bíblico, em especial a crítica textual, que abrange a análise das fontes, formas, redações, tradições, entre outros aspectos das Escrituras.

Antes da divulgação dessa publicação, a Vulgata era a tradução bíblica mais disseminada. No entanto, Erasmo optou por se envolver diretamente com os manuscritos gregos e desenvolver uma edição acadêmica e criteriosa, o que possibilitou a correção de erros de tradução e realçou a importância de se voltar ao estudo dos textos originais.

Ele fez um esforço significativo para reunir e comparar vários manuscritos disponíveis. Ao fazer isso, identificou discrepâncias entre eles e trabalhou para reunir a versão mais precisa possível. Erasmo publicou várias edições de *Novum Instrumentum omne*. A cada nova edição, refinava e aprimorava o texto, bem como melhorava a precisão e clareza da tradução.

Na primeira edição, não incluiu a passagem conhecida como *Comma Johanneum* (cf. 1 João 5.7-8), pois não estava

184

presente nos manuscritos gregos consultados. Após ser pressionado, incluiu a passagem em edições posteriores com ressalvas e indicou a controvérsia em torno de autenticidade do trecho.

De acordo com *Uma história do pensamento cristão*, de Justo L. González, Roterdã defendia o "retorno às fontes do cristianismo" e afirmava que, para tanto, seria necessário um espírito de moderação e caridade que ele não enxergava nos cristãos de sua época. Suas correções lançaram as bases para futuros estudos bíblicos e traduções.

A EVANGELIZAÇÃO RUSSA: ANDRÉ, CIRILO E METÓDIO

A evangelização da Rússia remonta aos primeiros séculos do cristianismo, começou com o Apóstolo André, discípulo de Jesus e fundador da Igreja Ortodoxa Russa que propagou o evangelho em diversas regiões, inclusive Grécia, Ásia Menor e Rússia.

Após os concílios e o reconhecimento do cristianismo como religião oficial do Império Romano por Constantino, testemunhamos um movimento permanente de missionários ávidos por espalhar o Evangelho ao redor do mundo. Muitos encontraram refúgio em mosteiros ao buscar proteção em tempos de conflito. Mesmo em momentos difíceis, havia aqueles que se lançavam em empreitadas incertas em territórios desconhecidos por amor ao Senhor com o propósito de levar pergaminhos com textos sagrados, bem como artefatos necessários para conduzir cerimônias e missas cristãs. Incluíam-se

Sangue, suor e lágrimas

nisso representações emblemáticas da fé, como o nascimento de Jesus, a crucificação e imagens de Maria e José.

Vale destacar o empenho especial voltado à evangelização da Europa Oriental, que engloba países escandinavos, além da China, Rússia e Mongólia. A Igreja Ortodoxa continua a ser relevante, tanto na Rússia quanto em outras nações. André e outros seguidores de Jesus como Cirilo e Metódio desbravaram essas regiões ao longo de meses, também enfrentaram condições extremas, desde o rigoroso inverno russo até o clima mais ameno da Europa.

Um marco crucial para a história oriental foi a chegada dos missionários bizantinos Cirilo e Metódio. Conhecidos como "apóstolos dos eslavos", foram dois irmãos gregos que evangelizaram a Europa Oriental durante o século IX. Eram monges e eruditos, proficientes em diversas línguas, inclusive o eslavo eclesiástico, idioma litúrgico das igrejas ortodoxas eslavas. Além disso, introduziram o alfabeto cirílico, traduziram a Bíblia para o eslavo e viabilizaram, assim, a disseminação da fé cristã entre o povo russo. Conforme o tempo avançava, a Igreja Ortodoxa Russa ganhou crescente influência e tornou-se um ponto central na cultura e na história do país.

Sob a orientação do patriarca Fócio de Constantinopla, os irmãos foram enviados como missionários para a Grande Morávia — região que abrange partes da atual República Tcheca, Eslováquia e Polônia — e desenvolveram o alfabeto glagolítico, a primeira forma escrita da língua eslava eclesiástica, com o objetivo de traduzir a Palavra e os textos litúrgicos para o idioma local.

Apesar da resistência e oposição de certos líderes religiosos e políticos, Cirilo e Metódio perseveraram incansavelmente em sua missão: não apenas contribuíram para a conversão de muitos eslavos à fé cristã, mas também es-

> *Seu empenho foi instrumental na formação da cultura e identidade eslavas, assim como na disseminação do cristianismo entre os eslavos orientais.*

tabeleceram escolas e mosteiros na região. Seu empenho foi instrumental na formação da cultura e identidade eslavas, assim como na disseminação do cristianismo entre os eslavos orientais. Nem mesmo o advento do comunismo na Rússia, que resultou no fechamento e destruição de igrejas, conseguiu extinguir a lembrança e o respeito pela fé cristã no coração do povo russo, graças a esses verdadeiros heróis e muitos outros não mencionados.

O NASCIMENTO DO ISLÃ

Antes do surgimento do islã, os árabes acreditavam que adoravam o mesmo Deus que os judeus e cristãos. No entanto, sentiam-se excluídos por esse ser divino, devido à ausência de uma revelação ou escritura própria para os árabes, apesar de possuírem um santuário em suas terras. Essa dinâmica mudou quando Maomé vivenciou uma experiência na caverna de Hira, durante o período do Ramadã.

Dois fatores relevantes que o impeliram a contemplar a possiblidade de unificar a fé das tribos com um deus e uma língua únicos foram sua familiaridade com a região e o domínio das línguas tribais árabes Ele também percebeu a importância política e geopolítica que a mudança acarretaria para a região, uma vez que as tribos estavam constantemente em guerra entre si. Assim, ele creu que, dessa forma, o povo se tornaria uma potência e dominaria o mundo.

Maomé retirou-se em busca de uma experiência sobrenatural. Nesse período, ele teve suas visões celestiais e um encontro com um anjo na caverna de Hira. Segundo ele, nessa reclusão, recebeu parte do Alcorão, o livro sagrado dos islâmicos, considerado uma revelação divina.

O desenvolvimento do islá e a construção de estados e países árabes foram marcados por um ímpeto para a evangelização islâmica, juntamente com guerras, conflitos e esforços de doutrinação. O Alcorão, composto por várias partes da Bíblia, tanto do Antigo quanto do Novo Testamentos, apresenta uma mistura de textos bíblicos e revelações atribuídas a Maomé.

De acordo com *The life of Muhammad* (em português, "A vida do Muhammad") biografia de Maomé redigida por Ibn Ishaq no século VIII, o profeta realizou diversas viagens à Síria em sua atividade mercantil, pois fora comerciante em Meca. Passou uma fase de sua vida como negociante em cidades de influência cristã, onde se deparou com os ensinamentos de Cristo.

No livro *Maomé: uma biografia do profeta*, Karen Armstrong defende que o profeta foi uma figura complexa, de diversas facetas, e sugestionado por várias tradições religiosas, entre elas o cristianismo. A autora traz à tona diversos exemplos de como a influência cristã se manifestou em Maomé, como a

As Escrituras

sua crença em um deus, que é semelhante à crença cristã monoteísta. Vejamos outros exemplos.

- A ênfase de Maomé na justiça social, que também é um princípio central do cristianismo.

- O uso da Bíblia por Maomé como fonte de inspiração, conforme evidenciado pelas muitas passagens do Alcorão que ecoam histórias bíblicas.

No entanto, Armstrong também aponta que ele não era somente um imitador dos ensinamentos cristãos, mas também um pensador inovador e independente que adaptava e reinterpreta ideias cristãs para se ajustarem ao seu contexto único. Um exemplo é a rejeição por parte de Maomé da doutrina cristã da Trindade, assim como sua reinterpretação da narrativa bíblica de Jesus, de modo a torná-la mais congruente com os preceitos islâmicos.

Sua primeira esposa se chamava Khadijah, era comerciante de Meca e cerca de quinze anos mais velha que Maomé. Ela desempenhou um papel significativo na vida do profeta. Eles compartilharam um matrimônio de vinte e cinco anos, e Khadijah se tornou uma apoiadora fervorosa da missão do islã. Conforme a tradição islâmica, Maomé teria sido o responsável por convertê-la ao islamismo.

Ao ouvir acerca das primeiras experiências sobrenaturais de seu marido, Khadija foi imediatamente consultar seu primo, Waraqah ibn Nawfal, que se convertera ao cristianismo e estudara as Escrituras. Ela também tinha algum conhecimento acerca do caráter divino, pois acolhia Maomé a cada momento de fragilidade e, de certo modo, era sua conselheira espiritual. Para a historiadora Karen Armostrong, Khadija foi capaz de dar-lhe todo o apoio necessário e desempenhou um papel de profetisa.

Em suas primeiras experiências, Maomé sentiu medo de ter se tornado um Kahin, tipo menor de adivinho que desprezava. Todavia, foi prontamente consolado por Khadija, a qual lhe ensinou que o deus islâmico não age de forma cruel e arbitrária.

Embora seja impossível afirmar com absoluta certeza como transcorreram as interações de Maomé com outros cristãos além de Waraqah, é evidente que, durante sua atividade comercial, ele teve algum contato com os ensinamentos de Cristo que possivelmente exerceram influência em suas convicções religiosas e podem ter contribuído para o desenvolvimento de um entendimento mais profundo do cristianismo.

Parte 4

QUANDO A HISTÓRIA DA IGREJA MUDOU

Capítulo 9
Governo e cristianismo

Nesta quarta parte do livro, exploraremos os momentos que marcaram a transformação da trajetória da Igreja. Investigaremos de que maneira, durante a transição do primeiro para o segundo milênio, o cristianismo passou a ocupar um lugar de influência na sociedade e a moldar a civilização ocidental. Além disso, examinaremos as personalidades que desempenharam um papel crucial tanto na ascensão quanto na decadência da instituição religiosa.

CONSTANTINO E A CRISTIANIZAÇÃO DO IMPÉRIO

A ascensão de Constantino marca o início de uma mudança significativa no Império Romano. A partir dele, cristianismo e governo começaram a se aproximar. Para compreender essa mudança, é necessário voltar ao imperador anterior, Diocleciano, já mencionado no capítulo 6, o responsável por uma grande perseguição aos cristãos.

Diocleciano Reestruturou o Império na tentativa de afastá-lo do declínio e do caos iminentes. Quase no fim de seu reinado, até então bem-sucedido, liderou uma das mais cruéis caças aos seguidores de Jesus, apesar de muitos de seus oficiais e até sua esposa, Prisca, e sua filha, Valéria, professarem a fé cristã. O imperador ordenou que seu exército exterminasse os fiéis, exigiu a destruição de igrejas, proibiu cultos, queimou Escrituras e executou bispos.

A perseguição durante o governo de Diocleciano é considerada uma das mais implacáveis da História. Iniciada em 303, teve como objetivo suprimir o cristianismo e restaurar a adoração aos deuses romanos tradicionais. Templos foram arrasados; Bíblias, consumidas pelas chamas; e muitos cristãos, submetidos à prisão, tortura e execução. Esse período durou cerca de uma década e causou intenso sofrimento aos seguidores de Jesus. Entretanto, o panorama sofreu uma mudança radical com a ascensão de Constantino ao poder.

No ano de 312, antes de uma iminente batalha contra Massêncio[1] pela supremacia do Império, Constantino relatou ter tido a visão de uma cruz no céu, adornada com a inscrição *In hoc signo vinces* ("Com este sinal, vencerás"). Impulsionado por essa visão, tomou a decisão de adotar o cristianismo e ordenou que o símbolo da cruz fosse pintado nos escudos de seus soldados. O conflito subsequente, reconhecido como a

---

[1] N. E.: Massêncio foi um imperador romano (306-312) que desafiou a tetrarquia e enfrentou Constantino na Batalha da Ponte Mílvia, na qual foi derrotado.

Governo e cristianismo

Batalha da Ponte Mílvia, culminou na vitória de Constantino sobre Massêncio e solidificou sua posição de poder e influência.

Esse episódio ficou conhecido como "o milagre da ponte Mílvia", e marcou um ponto crucial na trajetória da Igreja. Após sair vitorioso, Constantino passou a incentivar a disseminação da fé em Jesus pelo Império. Em 313, promulgou o Edito de Milão, o qual assegurou tolerância religiosa e pôs fim à perseguição. A partir desse momento, dado que o cristianismo se tornou a fé pessoal do imperador, a religião cristã passou a ser amplamente privilegiada, em contraste com o paganismo.

A discussão em torno da conversão de Constantino é objeto de debate entre historiadores e estudiosos. Hoje, há diferentes interpretações e pontos de vista acerca de suas motivações e sinceridade em relação à fé e é crucial ressaltar que não existe um consenso sobre esse assunto. Certos historiadores, como H. A. Drake, na obra *Constantine and the bishops: the politics of intolerance* (em português, "Constantino e os bispos: a política da intolerância") defendem a tese de que a conversão de Constantino foi sincera e que sua visão da cruz antes da Batalha da Ponte Mílvia foi um evento autêntico que o conduziu à adoção da nova religião.

Em contrapartida, estudiosos como Peter J. Leithart, em *Defending Constantine: the twilight of an empire and the dawn of christendom* (em português, "Defendendo Constantino: o crepúsculo de um império e a aurora da cristandade"), enxergam Constantino como um líder político perspicaz que discerniu o potencial político e social da religião. Esses eruditos argumentam que sua adesão do imperador à fé pode ter sido

Sangue, suor e lágrimas

mais motivada por estratégia do que por convicção religiosa, com o intuito de unificar o Império e angariar o apoio dos cristãos, que já emergiam como uma influência de peso. Além disso, segundo o artigo intitulado *As abordagens historiográficas sobre Constantino I (306-337): uma revisão,* de Diogo Pereira da Silva, existem indícios de que, mesmo após sua alegada conversão, o imperador manteve algumas práticas pagãs, de tal modo que suscitou dúvidas sobre sua sinceridade religiosa. Ele também adotou medidas que beneficiaram tanto os cristãos quanto outras religiões no Império ao implementar uma política de tolerância religiosa.

Durante o governo de Constantino ocorreu uma transformação notável no papel dos bispos no âmbito público. O imperador reconheceu a autoridade judiciária dos bispos e permitiu que exercessem uma função ativa no sistema legal romano. Ele acreditava que, na qualidade de líderes religiosos respeitados, os bispos poderiam garantir uma administração mais imparcial da justiça. Com essa medida, gradativamente, a jurisdição eclesiástica passou a ser integrada ao sistema oficial.

A Igreja já contava com tribunais estabelecidos, conforme destacado por Paulo em 1 Coríntios 6.1-8, ou seja, além de suas funções sacerdotais, os líderes também atendiam às necessidades da comunidade. Os bispos não apenas exerciam jurisdição em questões legais envolvendo cristãos, mas também sobre os pagãos que optavam por buscar justiça nos tribunais eclesiásticos. Essa prática tornou-se comum devido à reputação de eficiência e acessibilidade da justiça administrada pelos bispos.

Governo e cristianismo

A adoção do cristianismo pelos imperadores e sua aceitação oficial conferiram legitimidade e visibilidade à mensagem do Evangelho, a qual assumiu uma influência significativa no Império, angariou cada vez mais seguidores e exerceu influência crescente. Em 380, no governo de Teodósio, filho de Constantino, foi promulgado o Edito de Tessalônica, que oficializou o cristianismo como a religião oficial do Império e proibiu todas as formas de paganismo. Esse acontecimento marcou a completa cristianização do Império Romano e consolidou a duradoura influência da mentalidade cristã na sociedade e cultura ocidentais.

> *A Igreja foi e continua sendo uma válvula de alívio na sociedade ao longo do tempo.*

É fundamental enfatizar, porém, que o crescimento do cristianismo também foi moldado por influências sociais, culturais e religiosas mais amplas. A Igreja foi e continua sendo uma válvula de alívio na sociedade ao longo do tempo. O Evangelho, do qual a Igreja é a principal mensageira, tem a capacidade de curar feridas que afetam todas as comunidades do mundo. Tal como nos tempos presentes, naquela época, as Boas Novas apresentavam uma nova perspectiva de existência e transmitiam uma mensagem de otimismo, redenção e acolhimento em um cenário de adversidades.

A ASCENSÃO E A QUEDA DA IGREJA

A instituição fortaleceu-se ao centralizar uma ampla coleção de livros destinados ao ensino, cuidados médicos, evangelização e catequização em seus mosteiros e castelos. Cada um

Sangue, suor e lágrimas

desses elementos foi como uma semente do surgimento de grandes sistemas, como o educativo, que promoveu a formação de escolas, a disseminação da alfabetização e a implantação de universidades, bem como o sistema de saúde, com a criação de hospitais e centros médicos.

A Igreja Romana ganhou influência e poder consideráveis em escala global com o estabelecimento do papado e a concentração de autoridade nas mãos do seu líder máximo. Aos poucos, a instituição transformou-se em uma fonte de assistência integral aos seres humanos. Especialmente durante a Idade Média, a igreja começou a atuar em assuntos políticos. Ao longo da primeira metade do segundo milênio, alguns padres assumiram a função de prefeito em pequenas cidades, de tal forma que exerciam influência significativa nas comunidades locais.

Igreja e Ciência

A partir desse ponto, a distinção entre Ciência e religião tornou-se cada vez mais clara e culminou em uma ruptura praticamente irreversível, evidenciada pela perseguição dos que tinham perspectivas diferentes, como os casos notórios de Galileu e Kepler.

Galileu Galilei (1564-1642), um astrônomo italiano, ficou famoso por suas descobertas científicas revolucionárias, entre as quais se destacam as observações feitas por meio de telescópios que confirmaram o modelo heliocêntrico, que coloca o Sol no centro do sistema solar, originalmente proposto por Nicolau Copérnico. As perspectivas de Galileu entraram em conflito direto com a visão geocêntrica tradicional sustentada pela Igreja Romana, a qual interpretava de forma literal algumas passagens bíblicas e defendia a ideia de que o Sol girava ao redor da Terra (cf. Josué 10.12-14).

Em decorrência de suas crenças, Galileu foi convocado diante do Tribunal da Inquisição em 1616 e em 1633. Nessas ocasiões, foi acusado de heresia por promover conceitos que divergiam da interpretação bíblica aceita pela igreja de Roma. O cientista, considerado culpado e sentenciado a prisão domiciliar pelo restante de sua vida, teve a publicação de suas obras proibida e suas perspectivas heliocêntricas reprimidas. Apenas em 1992, quase 360 anos após sua condenação, a Igreja Católica oficialmente revogou a sentença proferida contra ele.

Johannes Kepler (1571-1630), um matemático e astrônomo alemão, também enfrentou dificuldades devido às suas descobertas científicas. Ele foi um dos primeiros defensores do modelo heliocêntrico e é reconhecido por suas leis do movimento planetário que apresentaram uma precisa descrição do movimento dos planetas em torno do Sol.

Tanto Copérnico quanto Kepler compartilhavam da crença de que a teoria heliocêntrica não entrava em conflito com as Escrituras. Segundo *El secreto de Copérnico* (em português, *O segredo de Copérnico*) de Jack Repcheck, eles interpretavam a ordem e a beleza do sistema solar como manifestações da grandiosidade e da bondade divina. Em vez de considerar o heliocentrismo como uma ameaça à fé, viam a teoria como uma maneira de aprofundar ainda mais a admiração pela obra criativa de Deus. Para eles, a harmoniosa órbita dos planetas em torno do Sol era um testemunho da perfeição do Universo e da sabedoria divina manifesta na Criação.

Em 1596, Kepler publicou *Mistério cosmográfico*, que apresenta de maneira compreensível a razão pela qual o modelo de Copérnico superava o sistema proposto por Ptolomeu, um cientista grego que viveu em Alexandria, Egito, reconhecido pelos seus trabalhos em matemática, astronomia, geografia e cartografia. A obra teve um impacto significativo na astronomia, embora tenham sido posteriormente identificadas algumas falhas em suas conclusões.

Apesar das tensões existentes, o método científico, fundamentado na observação, formulação de hipóteses e experimentação comprobatória, prosseguiu com seu desenvolvimento e adquiriu aceitação fora dos âmbitos religiosos. A priorização da evidência empírica e da experimentação possibilitou aos cientistas progresso em investigações e descobertas que confrontavam as convicções e a autoridade da Igreja Romana.

Com o passar do tempo, a separação entre a Ciência e a religião se ampliou. Contudo, muitos cientistas e teólogos da atualidade estão em busca de uma abordagem mais integrativa e reconhecem como Ciência e religião podem explorar diferentes aspectos da existência humana sem se excluírem mutuamente.[2] Sem dúvida, nos primeiros anos do século passado, com a

---

[2] N. E.: um exemplo disso é a ABC2, Associação Brasileira de Cristãos na Ciência, uma organização sem fins lucrativos comprometida em promover a comunicação e incentivar a investigação atenta e criteriosa da interação entre a Ciência e a fé.

Governo e cristianismo

emergência da teoria quântica, observou-se uma crescente inclinação em direção à reconciliação entre a Ciência e a espiritualidade.

A queda

É de suma importância ressaltar que a igreja ultrapassou os limites no exercício de sua autoridade ao longo do primeiro e no início do segundo milênios. Ela exercia domínio sobre as Escrituras, educação, saúde e até mesmo assuntos científicos. Esse quase absoluto acúmulo de poder resultou em atitudes de arrogância, prepotência e, lamentavelmente, em um considerável declínio da integridade moral de alguns papas. A História documenta bem esses fatos, e é de conhecimento público alguns acontecimentos incongruentes, como o caso do Papa Leão XIII, envolvido em relacionamentos com sua própria filha, entre outros relatos alarmantes. A consequência de atitudes como a citada foi o afastamento da sociedade em relação à fé. De maneira progressiva, a instituição eclesiástica perdeu credibilidade e a confiança do povo, da comunidade científica e de todas as esferas.

Destaco que, ao mencionar "igreja", nesse contexto, faço referência à instituição oficial, não ao corpo de Cristo, verdadeiro e devoto, que manteve sua fé vibrante por meio de um genuíno relacionamento com Deus. A igreja como instituição, por sua vez, transformou-se em um assento de poder terreno, no qual aqueles que almejavam glória encontravam espaço para sua ambição em vez de um ambiente de adoração ao Senhor.

Foram precisamente essas ambições por poder que corroeram a integridade e a influência da igreja, em especial na segunda metade do segundo milênio. Existem muitos livros e filmes que ilustram essa fase sombria que a instituição eclesiástica atravessou. No entanto, no meio de toda essa situação, Deus, em Sua fidelidade, sustentou os verdadeiros fiéis e a manteve a autoridade das Escrituras, inspiradas pelo Espírito Santo, motivo pelo qual presenciamos renovações espirituais ao longo dos séculos, em ambos os milênios. Apesar da falência e descredibilização institucional, o verdadeiro Evangelho perseverou graças à preciosa e divina Palavra.

CARLOS MAGNO: O PRIMEIRO IMPERADOR DO MUNDO

Carlos Magno, também conhecido como Carlos, o Grande, foi um hábil líder militar, político e estrategista da era medieval. Eu, particularmente, o considero como o primeiro grande imperador do mundo. Por meio de campanhas militares, conquistou diversos territórios e estabeleceu um vasto império que englobava partes da Europa Ocidental e Central, inclusive regiões que correspondem às atuais França, Espanha e Itália.

> *Apesar da falência e descredibilização institucional, o verdadeiro Evangelho perseverou graças à preciosa e divina Palavra.*

Apesar de sua notoriedade na Europa medieval, informações detalhadas sobre sua vida são escassas. Nasceu em 742, neto de Carlos Martel, duque da Austrásia[3], e primogênito de

---

[3] N. E.: Austrásia era a região localizada no nordeste da atual França, compreendendo também partes da atual Alemanha, Bélgica e Países Baixos.

Governo e cristianismo

Pepino III, também conhecido como Pepino, o Breve. Seguiu os passos de seus heróis e emergiu como uma figura emblemática daquela época.

Carlos Magno foi um fervoroso defensor do cristianismo e tornou-se imperador do Sacro Império Romano-Germânico em 800, conduzido pelo Papa Leão III. Antes disso, assumiu o trono como rei dos francos, em 768, e rei dos lombardos, em 774. Seu domínio ficou conhecido como "carolíngio", em homenagem ao seu nome.

Além de suas conquistas militares, o imperador também se destacou ao promover o cristianismo e fomentar as artes e a educação, conferindo-lhes grande valor. Ele liderou uma reforma educacional na Europa ao estabelecer escolas nas cortes, mosteiros e bispados. Essas instituições de ensino ofereciam disciplinas como gramática, retórica, dialética, aritmética, geometria, astronomia e música. Esse período de efervescência artística e cultural ficou conhecido como Renascimento Carolíngio.

Inspirado pelo testemunho e fervor dos missionários cristãos, Carlos Magno abraçou a incumbência de disseminar o Evangelho em regiões distantes. Ele via a propagação do cristianismo como uma das metas centrais de seu reinado, no qual empregava os princípios da fé como um meio de unir e governar a Europa. Desse modo, conquistou o respeito e a devoção de seus soldados, liderados pessoalmente

> *Inspirado pelo testemunho e fervor dos missionários cristãos, Carlos Magno abraçou a incumbência de disseminar o Evangelho em regiões distantes.*

Sangue, suor e lágrimas

por ele nas batalhas, e ganhou a admiração de seus conselheiros por sua coerência entre discurso e ação.

Otto, o Grande

Após o falecimento de Carlos Magno em 814, o Império Carolíngio enfrentou um período de turbulência e fragmentação entre seus herdeiros. Contudo, em 962, Otto I, também conhecido como Otto, o Grande, ascendeu ao título de imperador do Sacro Império Romano-Germânico. Ele reuniu uma parte considerável dos antigos territórios do Império Carolíngio e estabeleceu, assim, uma nova dinastia, a otoniana.

O reinado de Otto I foi um marco significativo na história do Império Romano-Germânico e restaurou a coesão e estabilidade por meio da consolidação do governo central e da instauração de um sistema de governantes regionais sob sua autoridade. Ele também empreendeu esforços para estreitar os vínculos entre a igreja e o Império, forjou uma aliança com o papado e defendeu o papel do imperador como protetor do cristianismo.

A dinastia iniciada por Otto I posteriormente foi reconhecida como o Primeiro Reich — a palavra alemã *Reich* significa reino ou império.

A INSPIRAÇÃO DE FERNANDO DE ARAGÃO E ISABEL I DE CASTELA

Fernando II de Aragão e Isabel I de Castela, reconhecidos como reis católicos, foram duas das figuras mais influentes do final da Idade Média. Além de seu destaque político, sua

Governo e cristianismo

determinação em unificar a Espanha e empreender uma campanha de ampliação territorial foi resultado, em parte, de uma profunda devoção religiosa.

A inspiração para as ações dos dois foi moldada pela trajetória de Carlos Magno que, no século IX unificou, grande parte da Europa Ocidental sob a égide cristã. Os reis católicos também se inspiraram nos imperadores otonianos, os quais ergueram um império robusto na Alemanha nos séculos X e XI.

Assim como Carlos Magno e os imperadores otonianos, os reis católicos consideravam como missão essencial "estabelecer o Reino de Deus" por meio da propagação do cristianismo e da supremacia eclesiástica. Fernando e Isabel acreditavam ter recebido um chamado divino para amalgamar a Espanha e conceber um novo império cristão de alcance global. Seus esforços foram também motivados pelo anseio de obter maior poder e influência.

Em 1469, Fernando e Isabel se casaram e uniram as coroas de Aragão e Castela, o que lhes garantiu o controle de grande parte da Península Ibérica e permitiu que logo começassem a expandir seu poder. Conquistaram Granada, a última fortaleza muçulmana na Espanha, em 1492. Também patrocinaram a viagem de Cristóvão Colombo, em 1492, a qual levou à conquista espanhola das Américas.

As campanhas de expansão e conquista empreendidas pelos reis católicos foram instigadas por fatores de natureza religiosa e política. Suas campanhas de expansão e conquista deixaram marcas no mundo contemporâneo; o legado dos reis ainda é objeto de discussão, uma vez que suas conquistas

Sangue, suor e lágrimas

e incursões expansionistas resultaram na morte de um grande número de indivíduos, inclusive muçulmanos, judeus e nativos do continente americano.

Capítulo 10

O protestantismo e a veracidade das Escrituras

A REFORMA PROTESTANTE

A Reforma Protestante, ocorrida no século XVI, teve como objetivo não somente promover mudanças teológicas na Igreja Católica Romana, mas também remodelar as práticas religiosas e as estruturas eclesiásticas da época, além de reformular as ações e os princípios que conduziam o cristianismo ocidental. Esse movimento, liderado por homens como Martinho Lutero, João Calvino e Ulrico Zuínglio, causou um impacto significativo na história religiosa e cultural do Ocidente.

John Wycliffe e Jan Hus

Ainda que os principais eventos da Reforma Protestante tenham acontecido ao longo dos anos 1500, não se pode negar a profunda influência de homens como John Wycliffe (1320--1384) e Jan Hus (1369-1415) no movimento. Eles elaboraram,

Sangue, suor e lágrimas

ainda no século XIV, novas interpretações da doutrina cristã, e, de tão inovadoras, seus pensamentos se tornaram percursores das teses de Lutero. John Wycliffe, teólogo inglês, foi considerado um dos primeiros reformadores e críticos da Igreja Católica. Em oposição à estrutura vigente, ele contestou a autoridade papal, criticou as indulgências; por enfatizar a supremacia das Escrituras como fonte de autoridade religiosa, defendeu a ideia de que a Bíblia deveria ser acessível ao povo em sua língua vernácula e questionou também a doutrina da transubstanciação.

Hus foi queimado na fogueira e se tornou um mártir e uma figura inspiradora para os reformadores posteriores.

Jan Hus, por sua vez, foi um sacerdote e professor checo que desafiou a autoridade da Igreja Católica. Além de pregar em língua materna, ele defendia que a comunhão do pão e do vinho deveria ser oferecida a todos os fiéis e denunciava a corrupção e a riqueza excessiva do clero. Suas fortes convicções o fizeram ser condenado por heresia. Hus foi queimado na fogueira e se tornou um mártir e uma figura inspiradora para os reformadores posteriores.

Matinho Lutero e João Calvino

A Reforma Protestante contou com muitos nomes relevantes; não há dúvidas, porém, de que Calvino e Lutero sejam duas de suas figuras mais proeminentes. Acredito que seja importante destacar que, embora compartilhassem certas semelhanças em suas crenças e objetivos, cada um contribuiu de maneira única para o movimento reformista e deixou um legado duradouro.

Martinho Lutero nasceu na cidade de Eisleben, Alemanha, em novembro de 1483. Apesar de ter seguido a carreira de direito no início de sua juventude, após uma marcante experiência espiritual, Lutero decidiu que se tornaria um monge e, assim, ingressou na Ordem dos Agostinianos. Desde cedo, ele se destacou por sua grande divergência com a teologia aceita e pregada na época: além de nutrir uma busca incessante pela verdade teológica, seus discursos enfatizavam a salvação pela fé, de modo que não levou muito tempo para que suas ideias se opusessem a algumas práticas da Igreja Católica, como a venda de indulgências. Em 1517, ao afixar suas 95 Teses na porta da Igreja do Castelo de Wittenberg, Lutero desencadeou a Reforma Protestante e contestou diretamente as doutrinas e práticas da Igreja. Entre seus princípios, estavam a autoridade suprema das Escrituras, a justificação pela fé e a liberdade religiosa. Mesmo diante de oposição e perseguição, suas ideias ganharam força, chegaram a outros países da Europa e influenciaram de maneira significativa a religião e a sociedade.

João Calvino nasceu em Noyon, na França, em 10 de julho de 1509. Assim como Lutero, estudou direito na juventude, em Paris, e se converteu ao protestantismo em meados da década de 1530. Sua abordagem intelectual e sistemática da teologia reformada teve relevância significativa. Exemplo disso é a sua obra mais conhecida, uma ampla exposição das doutrinas reformadas chamada *Institutas da religião cristã*, na qual enfatiza a soberania de Deus, a predestinação e a importância

Sangue, suor e lágrimas

da vida piedosa e ética. Semelhantemente à Lutero, Calvino passou a defender a autoridade das Escrituras. Além disso, também enfatizou a responsabilidade dos crentes de ter a vida conforme os princípios cristãos. Sua visão teológica foi implementada na cidade de Genebra, onde sua influência cresceu e na qual pôde estabelecer uma igreja e uma sociedade reformadas. Não demorou para que seus ensinamentos se espalhassem por toda a Europa, de modo a criar raízes no pensamento religioso, político e social de muitos países.

Apesar de serem amplamente conhecidos por suas contribuições teológicas, Lutero e Calvino também geraram frutos no âmbito social. Mais que ter defendido a importância da educação e da alfabetização do povo, Lutero traduziu a Bíblia para o alemão, a fim de incentivar a disseminação do conhecimento por meio da leitura das Escrituras. Calvino, por sua vez, promoveu a ética de trabalho e a responsabilidade social, ao expandir a expressão da fé, até então restrita ao contexto religioso, para a vocação e o serviço aos outros.

Embora tenham divergido em certos pontos teológicos, como a doutrina da eucaristia, tanto um como outro foram pioneiros da reforma da Igreja e da promoção de uma fé centrada nas Escrituras. É certo que enfrentaram desafios e grande oposição do clero, pois desafiaram a autoridade estabelecida pela Igreja Católica, mas suas ideias e seus ensinamentos ajudaram a desencadear uma mudança significativa na compreensão da salvação, da autoridade da Bíblia e da liberdade religiosa e intelectual. Seus esforços e coragem influenciaram outros reformadores, impactaram a História e contribuíram para o surgimento de várias tradições protestantes, como o luteranismo, o anglicanismo, o presbiterianismo e o congregacionalismo.

Acredito ser importante reconhecer que, apesar de suas notáveis contribuições para o desenvolvimento do pensamento teológico, os eruditos tinham suas limitações e imperfeições: ainda que parte significativa de suas ideias tenham sido revolucionárias, Lutero e Calvino ambos tiveram pensamentos e ações moldados pelo contexto histórico e pelas circunstâncias em que viveram. Evidentemente, tais constatações não reduzem os efeitos históricos promovidos pela Reforma Protestante, reconhecida e estudada até os nossos dias.

CRÍTICAS AOS LIMITES DA BÍBLIA

Após um tempo de ascensão, o cristianismo começou a viver uma época de inflexão. Uma vez que Lutero quebrou a exclusividade que a Igreja detinha sobre a Bíblia, abriu-se espaço para que as Escrituras se tornassem objeto de análise em outros contextos. Mais acessível ao povo, depois das várias reformas, estudiosos começaram a estudar o texto bíblico e a investigar os seus limites. Aquilo que, até então, era uma oportunidade de discutir a postura do clero e criticar as práticas da Igreja, deu lugar a questionamentos acerca do próprio texto sagrado, o qual não estava mais restrito ao ambiente de culto. Rapidamente, o mundo científico passou a questionar informações contidas na Palavra, opondo-se a clérigos e a estudiosos.

Sangue, suor e lágrimas

Conforme a Igreja se tornava a cada dia mais política do que religiosa, as Escrituras já não eram mais indissociáveis da instituição. Com o avanço da leitura individual e discussões que agora aconteciam em todos os lugares, as pessoas começaram a perceber aparentes incoerências ou contradições.

O primeiro problema apontado pelos críticos foi quanto à organização do texto bíblico. Por ser a junção de vários escritos, elaborados por autores diferentes em períodos distintos, os grandes pensadores questionavam o conteúdo da Bíblia e a julgavam como um mero retalho de outros livros, de tal forma que descredibilizavam sua confiabilidade. Em 1798, por exemplo, vários eruditos, entre eles Johann Severin Vater (1771--1826) e Wilhelm De Wette (1780-1849), acreditavam que era demasiadamente simplista o fato de que o pentateuco havia surgido de diversos fragmentos individuais reunidos por um redator, o que, de certa forma, quebrou a confiança daqueles que olhavam a Palavra de maneira superficial.

Outro problema apresentado foi a constatação de duas versões do Antigo Testamento. A versão grega, língua usada na época, continha catorze livros a mais e muitas passagens que não constavam no texto hebraico. Essas divergências começaram a desestabilizar as pessoas e a fazê-las questionar a veracidade bíblica.

Ainda nesse período, foi descoberta a existência de muitas transcrições de cartas e evangelhos com alguns acréscimos e variações, normalmente apresentados entre parênteses nas versões corrigidas das Escrituras. Devido a isso, a reação dos teólogos fundamentalistas foi criar a chamada "crítica histórica" ou criticismo histórico — a partir do qual tentou-se explicar

O protestantismo e a veracidade das Escrituras

que Moisés não escrevera o Pentateuco, nem Davi os Salmos. Esse criticismo também defendia que os milagres eram truques literários e que nada devia ser lido literalmente, pois muitos escritos bíblicos sequer haviam existido e, portanto, não eram históricos.

A grande ruptura entre Ciência e fé, no entanto, talvez possa ter acontecido em 1859, com o lançamento do livro *A origem das espécies*, publicado pelo naturalista britânico Charles Darwin, amplamente conhecido como pai do evolucionismo. Enquanto o livro de Gênesis afirmava que Deus criou todos os seres, a obra de Darwin propunha que o homem descendia de uma evolução randômica dos símios e apontava essa evolução como o início da humanidade. Na época, a sociedade não estava preparada para entender que, apesar da evolução dos seres vivos, o homem foi criado por Deus e recebeu o Seu espírito (*neshamah*), o que o diferencia dos símios e dos demais seres do gênero *homo*.

O romance *Robert Elsmere*

Em busca de uma compreensão mais profunda acerca dos motivos da descredibilização da Bíblia e da fé, Karen Armstrong, em seu livro *A Bíblia: uma biografia*, cita que, no final do século XIX, a Crítica Superior, não o darwinismo, tornou-se o ponto principal de discórdia entre os cristãos liberais e conservadores. Enquanto os liberais acreditavam que, em longo prazo, o método crítico levaria a uma compreensão mais profunda da Palavra, os conservadores o consideravam como representação de tudo o que estava errado no mundo do Pós-Iluminismo, o qual demolia antigas certezas.

213

Nesse contexto, em 1888, a romancista britânica Mrs. Humphry Ward publicou *Robert Elsmere*, a história de um jovem clérigo cuja fé fora destruída pela Crítica Superior. O livro se tornou um best-seller rapidamente de maneira inesperada, o que tornou evidente o fato de que muitas pessoas se identificavam com o dilema enfrentado por Robert. Em certo momento da narrativa, sua esposa diz que, se os evangelhos não são reais como fato histórico, como consequência, não poderiam ser verdadeiros ou ter valor de nenhuma outra forma. Essa fala resume o incômodo de alguns em relação ao debate em circulação.

Questionar um milagre implicaria em rejeitar todos eles:poderia também ara Assim, um temor crescente surgia em relação à Crítica Superior, de modo que os teólogos temiam que conduzisse a sociedade a um perigoso vazio.

Golpes que a Igreja e a fé receberam sobre a credibilidade das Escrituras no século XVIII: cristianismo, evolucionismo, materialismo e ateísmo

O cenário era de muitos questionamentos para enfraquecer a base dos fundamentos da fé cristã. Nesse contexto, foi criado um arcabouço para reforçar as teorias de Darwin, Marx e Nietzsche.

O evolucionismo de Darwin, por exemplo, confrontou a noção bíblica da origem das espécies. Ao propor a teoria da seleção natural como mecanismo explicativo da diversidade e da complexidade da vida na Terra, Charles Darwin desafiou a narrativa bíblica da Criação. Karl Marx, por sua vez, filósofo e economista, desenvolveu a teoria do materialismo histórico e o conceito de luta de classes. Ele criticou a religião, a qual definia como "ópio do povo", ao afirmar que o cristianismo era uma ideologia a serviço das classes dominantes, ou seja, uma forma de alienação que mantinha a sociedade em desigualdade e opressão. Sua abordagem nega a existência de Deus e defende uma visão estritamente materialista do mundo.

Outro crítico do cristianismo foi Friedrich Nietzsche, um dos filósofos mais influentes do século XIX. Ele proclamou a "morte de Deus" e argumentou que a moral cristã — uma moral de fraqueza, segundo ele — estava enraizada no ressentimento e na negação da vida que reprime a vontade de poder do indivíduo. Nietzsche defendia a ideia de um "super-homem", um ser além do bem e do mal, capaz de criar seus próprios valores e romper os limites impostos pelo cristianismo.

O evolucionismo de Darwin desafiou a visão da Criação. O materialismo de Marx questionou a relevância da religião na sociedade. O ateísmo de Nietzsche contestou a validade dos valores cristãos e a moralidade tradicional.

A primeira metade do século XX, influenciada e contaminada por esses pensamentos e ideais, foi marcada por total agnosticismo e pelos supostos fundamentos do desenvolvimento científico. O movimento de buscar na Ciência e na racionalidade uma nova forma e um novo propósito de existência se intensificou, e a sociedade, até então inserida na cristandade do mundo ocidental, encontrou bases aparentemente sólidas para se afastar das Escrituras e, consequentemente, da fé cristã.

Sangue, suor e lágrimas

As aparentes contradições na Bíblia

Por muitos anos, as pessoas estranharam o fato de eu ser físico, acreditar na Ciência, e, ao mesmo tempo, servir a Deus. Imagino que esse tipo de reação aconteça, porque, geralmente, tendemos a crer em uma espécie de concorrência entre as duas esferas. De modo geral, muitos de nós têm medo de encontrar algum tipo de contradição nos escritos bíblicos, mas, a meu ver, não existe qualquer dúvida acerca da mão de Deus nesse projeto maravilhoso de construção do texto sagrado, o que apenas aumenta e reforça a minha fé.

Nos evangelhos, por exemplo, temos a junção de muitos relatos pessoais e, consequentemente, de várias perspectivas sobre o mesmo acontecimento. É por isso que, quando olhamos para as chamadas contradições, podemos atestar que não houve má fé nem um conluio para que os textos concordassem entre si. O que os críticos caracterizam como falhas, eu vejo como comprovação da veracidade dos relatos.

A seguir, indicarei as principais contradições apontadas pelos críticos ao longo dos anos.

- Apenas o evangelho de Mateus narra a adoração dos magos que vieram do Oriente (cf. Mateus 2.1-12) e o massacre dos inocentes (cf. Mateus 2.16-18).

- O Sermão do Monte aparece completo apenas em Mateus (cf. Mateus 5, 6 e 7). Em Lucas, encontramos fragmentos dele ao longo do livro.

O protestantismo e a veracidade das Escrituras

- De acordo com o evangelho de João, Maria Madalena chegou sozinha ao túmulo no domingo de manhã, quando ainda estava escuro (cf. João 20.1). Marcos, ao contrário, afirma que já nascera o Sol (cf. Marcos 16.9).

- Mateus afirma que, após a ressurreição, um anjo desceu do Céu e se dirigiu às mulheres que haviam ido visitar o túmulo de Jesus (cf. Mateus 28.2). João, por sua vez, registra a presença de dois anjos (cf. João 20.12). Lucas não é assertivo, e diz que havia dois homens com roupas resplandecentes (cf. Lucas 24.4), enquanto Marcos descreve um jovem vestido de branco sentado no túmulo, do lado direito (cf. Marcos 16.6).

- O evangelho de João é o único que relata que Maria Madalena tentou tocar em Jesus (cf. João 20.17).

- Mateus 28.1 registra duas mulheres que visitaram o túmulo de Cristo (Maria e Maria Madalena). Marcos 16.1 relata que havia três mulheres (Maria Madalena; Maria, mãe de Tiago; e Salomé). Já João 20.1 menciona apenas Maria Madalena.

- Conforme Mateus, Maria Madalena reconheceu Jesus após a ressurreição quando Ele lhe apareceu (cf. Mateus 28.9). De acordo com João, ela apenas descobriu que estava diante de Cristo após Ele a chamar pelo nome (cf. João 20.14-16). Para Lucas, Cristo não apareceu a Maria Madalena e às demais, elas somente tiveram uma

Sangue, suor e lágrimas

visão do anjo que lhes falou que o Mestre estava vivo (cf. Lucas 24.23).

- Quanto à quantidade de endemoninhados que foram libertos por Jesus, Marcos e Lucas falam da cura de um (cf. Marcos 5.2-16; Lucas 8.27-33), e Mateus diz que havia dois (cf. Mateus 8.28-32).

- De acordo com o livro de Mateus, o Senhor foi levado ao Egito por José e Maria, imediatamente após a visita dos magos; já Lucas 2.21-22 informa que seus pais foram com ele até Jerusalém e passaram pelo menos um mês ali.

- Marcos 15.32 relata que os dois ladrões que estavam sendo crucificados ao lado do Messias proferiam insultos a Ele. Lucas 23.42-43 traz a informação de que um dos ladrões se arrependeu.

- A polêmica se estende ao horário da crucificação de Jesus. Conforme Marcos 15.25, fora às nove da manhã. De acordo João 19.14-16, no entanto, ocorrera depois do meio-dia. Provavelmente, enquanto o primeiro utilizou a contagem de horas judaicas, o segundo se baseou na contagem grega.

- Mateus 27.32 e Marcos 15.21 narram que Simão de Cirene carregou a cruz de Jesus. João 19.17 afirma que Ele a carregou sozinho.

- A lavagem dos pés só é relatada no evangelho de João (cf. João 13.14).

O protestantismo e a veracidade das Escrituras

- O interrogatório de Herodes está registrado apenas em Lucas (cf. Lucas 23.7-9).

Se a proposta fosse que os quatros evangelistas escrevessem o mesmo relato, então realmente todos esses pontos e muitos outros seriam contradições incontestáveis. No entanto, cerca de trinta anos depois de todos os acontecimentos, eles se propuseram a registar suas lembranças a respeito do que viram e a pesquisar sobre fatos que não presenciaram. A singeleza desses relatos revela, portanto, grande verdade e pureza.

Como eu disse, o meu entendimento acerca dessas supostas contradições é simples: trata-se da clara comprovação de que os evangelhos foram feitos em um contexto de escrita espontânea sobre o prisma de cada um; não houve uma tentativa de cópia redundante ou de validação da história contada.

Para muitos, a credibilidade científica da Bíblia decaiu com o evolucionismo e o criticismo. Sempre que me deparo com diversas tentativas de invalidar as Escrituras, porém, gosto de trazer à minha mente uma canção bem conhecida, que costumamos cantar na igreja:

> Nunca houve noite que pudesse impedir
> O nascer do Sol e a esperança
> E não há problema que possa impedir
> As mãos de Jesus pra me ajudar
> Haverá um milagre dentro de mim
> Vem descendo um rio pra me dar a vida
> Este rio que emana lá da cruz
> Do lado de Jesus

Sangue, suor e lágrimas

Aquilo que parecia impossível
Aquilo que parecia não ter saída
Aquilo que parecia ser minha morte
Mas Jesus mudou minha sorte
Sou um milagre e estou aqui.[1]

UMA NOVA LUZ COMEÇA A BRILHAR

É preciso destacar que, após a segunda metade do século passado, uma nova luz começou a brilhar, inclusive do ponto de vista da união entre Ciência e fé. A fé foi a base de sustentação de diversos cientistas de 1500 a 2000, cujos feitos e personalidades contribuíram para a reconciliação entre a Ciência e a espiritualidade. Entre eles, podemos citar Isaac Newton (1643-1727); Blaise Pascal (1623-1662), o qual formulou a teoria das probabilidades e inventou a primeira calculadora mecânica; Johannes Kepler (1571-1630), formulador das leis do movimento planetário e criador de importantes avanços astronômicos; Gregor Mendel (1822-1884), conhecido como o pai da genética moderna; Georges Lemaître (1894-1966), um dos primeiros a propor a teoria do Big Bang para explicar a origem do universo; e Francis Collins (1950), geneticista e médico americano que liderou o Projeto Genoma Humano.

A fé foi a base de sustentação de diversos cientistas de 1500 a 2000.

De acordo com Thomas E. Woods Jr., em seu livro *Como a Igreja Católica construiu a civilização ocidental*, a igreja foi a

---

[1] Carlos Moysés, *Sou um milagre*, 1998.

precursora do sistema universal da Ciência, dos hospitais, da previdência, do direito internacional e dos princípios básicos do sistema jurídico. Ele defende o fato de que foi a igreja que estabeleceu a sociedade e a cultura no Ocidente, e acrescenta, também, a contribuição da santidade de uma instituição guiada pelo Espírito Santo — embora cheia de escândalos e controvérsias humanas.

Woods menciona cientistas como Nicolau Steno (1638-1686), sacerdote considerado o pai da geologia; Athanasius Kircher (1602-1680), pai da egiptologia; Rogério Boscovich (1711-1787), conhecido o pai da teoria atômica moderna; o Padre Giovanni Battista Riccioli (1598-1671), primeira pessoa a medir a taxa da aceleração de um corpo em queda livre (gravidade); São Bento (480-547), famoso sacerdote reconhecido como o pai da vida monástica no Ocidente; e os beneditinos, considerados os pais da civilização europeia. Além de todas essas ilustres contribuições, Woods aborda que a própria ideia de direitos humanos não nasceu de John Locke ou Thomas Jefferson, nem dos pais da Revolução Francesa, mas do ensinamento das palavras de Jesus, registradas no cânon das Escrituras.

A comprovação da veracidade da Bíblia começou a ganhar legitimidade com as descobertas arqueológicas, históricas e geográficas que ocorreram na Terra Santa. A Autoridade de Antiguidades de Israel (IAA) passou a colecionar descobertas com credibilidade científica, como os Pergaminhos do Mar Morto; a Inscrição de Tel Dan, que menciona a "Casa de Davi"; o Cilindro de Nabonido, que faz referência a Belshazzar e foi encontrado na antiga Babilônia; além dos Túneis de Ezequias, em Jerusalém.

Sangue, suor e lágrimas

Sob essa nova luz, respaldada por evidências científicas e por um estudo aprofundado das aparentes contradições bíblicas, anteriormente mencionadas, a credibilidade das Escrituras e a força da mensagem do cristianismo voltaram à proeminência na sociedade ocidental.

Sir Isaac Newton e as profecias dos livros de Apocalipse e de Daniel

Sir Isaac Newton, renomado cientista e matemático, viveu no século XVII, época em que o pensamento científico e a fé religiosa coexistiam em um delicado equilíbrio. Cientista brilhante, ele fez descobertas revolucionárias na física e na matemática, desenvolveu o cálculo diferencial e integral, e estabeleceu, assim, as bases da física moderna. No entanto, seu trabalho não se limitou apenas ao campo científico, como muitos imaginam. Em busca de compreender os planos divinos revelados nos livros proféticos, Newton procurou conciliar a Ciência e a religião, pois acreditava que o entendimento das leis da natureza poderia levar a uma consciência mais profunda dos desígnios divinos.

O erudito também deixou registrado um estudo das profecias contidas em Apocalipse e Daniel. Por acreditar que esses livros carregavam mensagens importantes e que sua análise poderia revelar conhecimentos ocultos e predições do futuro, o cientista dedicou-se ao exame minucioso das Escrituras e a decifrar seus significados ocultos e suas implicações para a humanidade.

Para ele, as profecias do Apocalipse e de Daniel estavam intrinsecamente ligadas, e, por isso, a compreensão de uma poderia

O protestantismo e a veracidade das Escrituras

levar ao entendimento da outra. Newton trabalhou na análise desses textos, baseou suas interpretações e conclusões meticulosas em seu conhecimento científico e aplicou às profecias seus estudos de matemática, geometria e física, a fim de encontrar não apenas correlações numéricas e padrões simbólicos, mas também correspondências entre os eventos históricos e as profecias.

Acredito que um dos aspectos mais notáveis do trabalho de Newton tenha sido a sua busca por padrões matemáticos e estruturas ocultas nos textos proféticos. De acordo com ele, o texto bíblico foi desenvolvido a partir de um código secreto, uma linguagem criptografada que revela informações além do significado literal das palavras. Essa ideia, conhecida como "Código da Bíblia", foi precursora de estudos posteriores sobre códigos e padrões numerológicos nas Escrituras.

No primeiro capítulo do livro *As profecias do Apocalipse e o livro de Daniel*, Newton relata a história da compilação da Torá, desde a época em que a Lei de Deus foi passada de geração em geração, de forma oral. Nessa obra, fica evidente o enraizado conhecimento que o cientista tinha da Palavra, além de seu prazer em relatá-las. A contribuição de Newton à veracidade bíblica foi um ganho imensurável da fé cristã, pois seus estudos aplacaram, de algum modo, a desconfiança do criticismo, que, por enfatizar as lacunas na organização do texto, buscava sua descredibilização.

É certo que Newton se apoiou em gigantes. Ele foi profundamente influenciado por figuras como Pitágoras[2], Copérnico,

---

[2] N. E.: matemático e filósofo grego do século VI a. C., conhecido por formular o Teorema de Pitágoras.

Galileu e Kepler. Além disso, também utilizou o método científico, desenvolvido por filósofos como Francis Bacon[3] e René Descartes[4]. Galileu Galilei, Robert Boyle[5] e Antoine Laurent Lavoisier[6] foram, de igual modo, grandes influências para o desenvolvimento de seu trabalho.

Embora as interpretações específicas de Newton sobre as profecias do Apocalipse e de Daniel possam ser questionáveis e tenham sido alvo de debate, seu trabalho pioneiro abriu caminho para o estudo mais aprofundado desses textos sagrados e influenciou gerações posteriores de estudiosos e pesquisadores. É importante ressaltar que o cientista enxergava seu estudo das Escrituras como um complemento à sua busca pela verdade científica, pois acreditava que a Ciência e a religião não eram antagônicas, mas complementares ao buscar desvendar os mistérios do Universo, cada uma a seu próprio modo.

---

[3] N. E.: Bacon foi um filósofo e escritor inglês do século XVI-XVII. Ele promoveu o método científico indutivo e foi considerado um dos pais da Revolução Científica. Francis defendia que a obtenção dos fatos verdadeiros se dava mediante observação e experimentação.

[4] N. E.: René Descartes, filósofo e matemático francês do século XVII, estabeleceu o método dedutivo na Filosofia, defendeu o racionalismo e pioneiramente desenvolveu a geometria analítica.

[5] N. E.: Robert Boyle, um filósofo natural, químico e físico nascido na Irlanda, no século XVII, ganhou destaque por suas contribuições significativas nos campos da física e da química.

[6] N. E.: Lavoisier é considerado por muitos o pai da Química moderna. Nasceu na França, no século XVIII, e criou a lei da conservação da massa e a teoria da combustão.

Comprovações científicas

Paradoxalmente, ao mesmo tempo em que a sociedade questionava a fé, o cristianismo e a Bíblia, começaram a surgir comprovações científicas da veracidade da Palavra, sua história e revelação.

- Uma das primeiras evidências foram os manuscritos do Mar Morto. Esses pergaminhos foram encontrados em 1947 por beduínos-pastores em uma caverna em Qumran, localizada na Cisjordânia, próximo à margem noroeste do Mar Morto — a cerca de doze quilômetros de Jericó e vinte e dois quilômetros a leste de Jerusalém, na fissura do Mar Morto entre dois barrancos profundos. Ao adentrarem, depararam-se com jarros cerâmicos que continham os rolos de papiro. Com base em vários métodos de datação, esses manuscritos são considerados os textos mais antigos do Antigo Testamento já encontrados, escritos, aproximadamente, entre 250 a.C. e 68 da era moderna.

- Outra descoberta surpreendente que lança luz sobre os relatos bíblicos são as ruínas de Betsaida, posteriormente reconhecida cidade de Julias. Tais ruínas foram descobertas ao norte do mar da Galileia, na Reserva Natural do Vale de Betsaida, como é conhecida hoje. Trata-se do povoado onde os apóstolos Pedro, André e Felipe moravam e onde aconteceu o milagre da multiplicação dos pães e peixes.

- Um estudante israelense encontrou em um riacho na região de Shiloh, nas cercanias de Tel Aviv, Israel, um

Sangue, suor e lágrimas

artefato com cerca de dois mil anos de idade, que traz a inscrição do nome do Rei Agripa, mencionado no livro de Atos. Os arqueólogos atestaram que a moeda foi cunhada durante o reinado de Herodes Agripa I, que governou a Judeia por volta do ano 40 d.C.

- As antigas cidades da Mesopotâmia tinham torres conhecidas como zigurates, estruturas em forma de pirâmide escalonada com pequenos templos no topo. Um exemplo notável é o zigurate de Ur, no sul do Iraque, escavado por Sir Leonard Woolley, o qual escreveu o livro *Excavations at Ur: a record of twelve years work*. Embora o zigurate tenha sido reconstruído ao longo do tempo, sua forma original remonta ao reinado de Ur-Namu, por volta de 2112 e 2095 a.C. O zigurate mais famoso é o que a Bíblia nomeia como Torre de Babel (cf. Gênesis 11:1-9), localizada em Shinar (Babilônia). O termo "Babilônia" é derivado da palavra grega *Babulón*, que significa "portão de Deus". A torre recebeu o nome de Babel porque foi lá que o Senhor confundiu as línguas dos povos. A estrutura original do zigurate de Ur e sua conexão com a Torre de Babel é mais uma evidência científica que comprova as histórias narradas no texto sagrado.

O PODER DA PALAVRA DE DEUS

Essas descobertas são importantes comprovações científicas de que existiram fatos relatados pela Bíblia. A cada dia que passa, vemos os críticos de plantão não terem mais

O protestantismo e a veracidade das Escrituras

argumentos contra as Escrituras. Conforme novos estudos teológicos e respaldos históricos surgem, alguns fatos bíblicos tornam-se inegáveis.

Há alguns anos, o Modernismo dizia que a Palavra era falsa, mas, com o resgate da sua credibilidade, os céticos estão perdendo os argumentos nos quais se apoiavam. Hoje, em meio ao Pós-Modernismo, muitas pessoas que rejeitam o cristianismo resolveram criar uma filosofia que afirma que cada ser humano tem a sua "própria verdade" — ainda que descobertas científicas estejam a favor das Escrituras. Para mim, o Pós-Modernismo é, na verdade, uma desculpa surgida após a falência do movimento que o precedeu.

Na civilização em que vivemos hoje, as pessoas podem fazer o que quiserem, já que os anos abriram espaço para uma sociedade em que há extrema liberdade individual, na qual são gerados indivíduos sem limites ou responsabilidades.

> O mal é o bem sem limites. Quando o indivíduo que busca a sua liberdade não respeita nenhum tipo de limite, ele está automaticamente semeando o mal na medida em que invade o espaço do próximo.[7]

É exatamente assim que a geração atual prega e vive. O avanço tecnológico culminou em uma civilização sem barreiras: aqueles que falam inglês, por exemplo, conseguem se comunicar com quase todas as nações e estão todos extremamente conectados por causa da internet. A verdade, porém, é que o ser humano ainda procura por respostas. E, enquanto a atual

---

[7] Robson Rodovalho, *Propósito e felicidade: abrace seu propósito de vida*, 2019, p. 40.

Sangue, suor e lágrimas

crise dos países situa-se entre propostas neoliberais, globalistas, patrióticas ou desenvolvimentistas, o cidadão comum continua cada vez mais perdido.

Contudo, sabemos que a resposta que o mundo procura apenas a Igreja pode dar: as emanações e o poder de Deus. Ele Se emanou sobre a humanidade, e a Bíblia é a revelação, o registro, da maneira mais íntegra e simples, da história da redenção. Diante de todos os questionamentos, isso nos basta. A Palavra é suficiente para que nós vençamos qualquer situação. É por isso que, ao longo dos séculos, esse grande livro foi escrito por pessoas, que, com *sangue, suor e lágrimas*, empenharam-se em registar, guardar e enviar a mensagem de salvação a todos os cantos da Terra. O maior tesouro que a Humanidade possui é Aquele que Se revelou a nós: Jesus, o único capaz de abrir a janela para a eternidade.

O verdadeiro cristianismo não se baseia em intelectualidade, mas nas experiências geradas pelas emanações. Ele é sustentado e guiado unicamente pelas Escrituras. As tentativas de deturpar a revelação especial de Deus para adequá-la ao pensamento e comportamento humano apenas revelam a falta de uma experiência integral com Deus. O Senhor é capaz de transformar toda e qualquer área da nossa vida, mas, quando não nos permitimos ser transformados, ficamos presos em uma busca vã por modificar os Seus ensinamentos, a fim de harmonizá-los com o nosso estilo de vida caído.

Minha oração é que você nunca caia no engano de distorcer as Escrituras, mas encontre o poder do Pai em sua experiência. Somente esse poder transformador — exclusivo da Santa Palavra de Deus — poderá alinhar a sua vida aos ensinamentos bíblicos.

Parte 5

E AGORA, ONDE ESTAMOS?

Capítulo 11

A Igreja do século XXI

Na quinta e última parte de nossa jornada, chegamos a um momento crucial de reflexão: o contexto atual da Igreja. Neste capítulo, serão abordadas questões relativas ao século XXI, e discutiremos marcas e desafios únicos dessa geração. Também exploraremos algumas transformações que moldaram a vida espiritual dos cristãos, além de investigar os contornos e as nuances da Igreja contemporânea e como ela se posiciona em meio às complexidades do mundo moderno.

LEGADO DE EXCELÊNCIA E LIDERANÇA

A Igreja do século XXI é a maior de todos os tempos. O resultado desse crescimento, fruto de diversos avivamentos ao redor do mundo, foi o nascimento de milhares de comunidades e uma renovação espiritual profunda tanto em congregações mais tradicionais quanto em pentecostais. Essa transformação abrangeu mudanças na hinologia, na estrutura do culto e até

Sangue, suor e lágrimas

mesmo na forma de liderança. Assim, gradualmente, avançamos em direção à realidade de igrejas como centros de excelência.

Testemunhamos o surgimento de mega igrejas em várias capitais, algumas com cinco mil a dez mil membros. Além disso, de acordo com a Revista Pesquisa, o número de comunidades evangélicas no Brasil aumentou surpreendentemente, comparado às décadas de 1970, 1980 e 1990. É importante mencionar que essas congregações, com seus próprios recursos, estabeleceram locais de culto extremamente modernos e bem equipados, capazes de atrair multidões de forma acolhedora.

Além da estrutura física, que se tornou um sinônimo de cultura de excelência, as igrejas evangélicas também têm se destacado como centros de formação de lideranças exemplares. Por intermédio de cursos, seminários e conferências, elas se transformaram em um fenômeno na formação conceitual do país e muitas vezes superaram as faculdades e universidades populares no que tange ao seu impacto.

É impressionante observar como essa expansão resultou em um verdadeiro florescimento das comunidades evangélicas, as quais passaram a influenciar cada vez mais diversos setores da sociedade com o passar dos anos. Entendo todo esse avanço como um fruto dos avivamentos anteriores. Assim, cada vez mais pessoas são alcançadas e impactadas pelo Evangelho.

Um ponto de atenção: a nova geração

Em meio à vasta colheita gerada pelas últimas décadas, estamos diante de um novo tempo e de uma nova geração, bem diferente da anterior. Hoje, não é difícil perceber como uma boa parcela da Igreja é dispersa, acomodada e imersa em um estilo de vida que prioriza exclusivamente o conforto pessoal. Nesse novo contexto, também há aspectos positivos, uma vez que a geração atual nos auxilia com tecnologias, comodidades e facilidades. Contudo, é crucial reconhecer que o comodismo tem o potencial de afastar a Igreja de sua missão e visão sacrificial.

Dessa forma, é importante resgatarmos o estilo de vida dos irmãos do primeiro século, em busca de incorporar aquele vigor e perspectiva em nossos dias. A Igreja contemporânea muitas vezes se mostra apaixonada por influências políticas, econômicas e seculares. Seus membros dedicam mais tempo a discutir e almejar confortos materiais do que a proclamar o Evangelho e buscar a Deus. Somos testemunhas de uma Igreja familiarizada com diversas áreas de conhecimento, mas parece se esquecer do significado da cruz e da necessidade de evangelizar.

Nossa visão precisa estar focada no avanço do Reino e na proclamação das Boas Novas. Nutro a esperança de que cada vez mais adoraremos e buscaremos o Senhor, como um povo que derrama lágrimas e clama pela restauração e expansão da Igreja — não desejo menos do que isso. Essa convicção se espelha nos quatro Evangelhos, os quais se desdobram da seguinte maneira.

a. Uma proporção significativa, aproximadamente 95%, é dedicada aos ensinamentos, palavras e feitos de Jesus, de modo que enfatizam os princípios e valores fundamentais do Reino de Deus no coração humano, como amor, fé, perdão, justiça e bondade.

b. Uma parcela de cerca de 5% aborda a Igreja e sua estrutura, já que ela se desenvolveu e cresceu depois da morte e ressurreição de Jesus.

Antes de Sua morte, Jesus falou sobre os valores do Reino que deveriam permear o âmago de cada indivíduo. Depois de ressuscitar, Cristo orientou Seus discípulos a se dedicarem à proclamação do Evangelho e ao estabelecimento de comunidades eclesiásticas. Assim, eles ocuparam dos ensinamentos do Mestre e colocaram em prática tudo que aprenderam.

Precisamente ao longo dos quarenta dias seguintes à ressurreição que os discípulos receberam fé, unção, motivação e instruções mais específicas concernentes ao que deveriam executar. A efusão do Espírito Santo, conforme narrada em Atos 2, capacitou-os a efetivarem aquilo que já haviam aprendido.

A perda da paixão evangelizadora por parte da nova geração

A propagação do Evangelho tem sido um elemento fundamental para o avanço do cristianismo ao longo dos séculos. Gerações passadas foram movidas por uma paixão ardente por compartilhar a mensagem de Jesus, bem como a buscar alcançar e transformar vidas. No entanto, hoje é notável a gradual diminuição dessa chama evangelística. Muitos influenciadores digitais, mentores religiosos, pastores, pregadores e até televangelistas parecem mostrar interesse maior em lucros financeiros ou em prestígio social do que em cultivar uma autêntica conexão com seu público, a fim de resgatar almas para Deus.

Embora alguns aproveitem a internet para difundir mensagens de amor e esperança, outros concentram seus esforços em comercializar cursos e em construir suas próprias marcas pessoais. A pregação da mensagem de salvação, lamentavelmente, é cada vez mais tratada como assunto secundário, enquanto a satisfação pessoal é prioridade.

Muitos pastores e pregadores também não escapam dessa realidade. Em vez de se dedicarem inteiramente à tarefa de espalhar as Boas Novas, estão preocupados em manter suas congregações satisfeitas e em obter crescimento numérico de membros. Muitas vezes, a proclamação da Palavra é substituída por abordagens de marketing e elementos de entretenimento que visam atrair mais indivíduos.

A perda da fervorosa paixão evangelizadora na nova geração de cristãos é uma inquietação legítima. É fundamental reacender a chama do evangelismo, redescobrir a alegria intrínseca à partilha do Evangelho e reafirmar o propósito genuíno de resgatar almas para Jesus. O retorno à essência é urgente! Precisamos situar a mensagem de salvação em uma posição superior às ambições pessoais.

O SEQUESTRO DA MENTE DE ADOLESCENTES E JOVENS

Também observamos, nos dias atuais, que a esfera virtual tem, aos poucos, proporcionado uma sensação de realidade mais aguda do que o mundo físico. Adolescentes e jovens estão enfeitiçados pelos smartphones, imersos em um ambiente digital no qual jogos, conversas e comunidades virtuais os atraem. Como consequência, os dispositivos móveis se tornam um componente crucial em suas vidas e os impedem de viver plenamente no mundo físico e tangível.

Essa nova dinâmica traz à tona preocupações sobre o uso excessivo da internet e a incessante busca por satisfações instantâneas, tais como jogos, redes sociais e até mesmo conteúdo adulto. Tais vícios podem impedir um desenvolvimento saudável, tanto do ponto de vista social quanto emocional, já que as interações face a face e as vivências do mundo real são substituídas por uma realidade virtual.

> *A busca por prazer constante pode levar à compulsão, dificuldade de concentração e até mesmo a problemas de saúde mental, como ansiedade e depressão.*

Os riscos de se expor em excesso a prazeres imediatos são muitos. A dopamina, substância química liberada no cérebro quando há gratificação imediata, está associada ao prazer e à recompensa, e sua liberação em quantidades excessivas pode criar um ciclo vicioso de desejo por mais estímulos e satisfação instantânea. Como defende Anna Lembke, em seu livro *Nação dopamina*, a busca por prazer constante pode levar à compulsão, dificuldade de concentração e até mesmo a problemas de saúde mental, como ansiedade e depressão.

Os jovens precisam ser direcionados e alertados quanto ao uso excessivo de ambientes virtuais; além disso, é importante oferecer alternativas saudáveis e enriquecedoras. É fundamental que a Igreja seja um centro atrativo para o crescimento espiritual e o desenvolvimento social, um lugar de acolhimento e pertencimento para o jovem. Mas mais do que isso, é preciso que seja um ambiente em que ele seja alcançado e tocado pelo poder de Deus.

A influência da mentalidade secular nas universidades

As universidades têm se tornado arenas de batalhas intensa entre ideologias, frequentemente priorizam visões de esquerda em detrimento das perspectivas da cultura judaico-cristã. Alguns ambientes acadêmicos estão moldando a mente dos jovens com pontos de vista negativos em relação ao cristianismo e muitas vezes os tornam avessos aos valores e princípios cristãos.

A luta entre essas duas visões de mundo tem se agravado devido, uma vez que a esquerda adota narrativas que criticam fortemente o capitalismo, a família e os valores cristãos. Esse conflito ideológico não parece diminuir; ao contrário, somente se intensifica. Portanto, é de extrema importância que estejamos preparados e vigilantes para ocupar posições de influência na sociedade, a fim de contrabalançar esses ensinamentos, os quais estão em desacordo com as Escrituras.

A disseminação de ideologias e visões contrárias à Palavra em ambientes acadêmicos pode levar os alunos a questionarem suas próprias crenças e identidades, pois nem sempre há quem possa instruí-los espiritualmente e tirar suas dúvidas. O

Sangue, suor e lágrimas

resultado é uma sociedade que se afasta cada vez mais da presença de Deus, o que nos gera apreensão em relação ao futuro.

Para abordar as preocupações quanto ao ceticismo e à crítica das Escrituras, iniciei o projeto Ciência e Fé e lancei a *Bíblia Científica*. Gerald Schroeder (professor emérito do M.I.T. e doutor em Física Nuclear e Ciências) e eu trabalhamos para demonstrar que essas duas áreas não estão em conflito; em vez disso, são complementares. Gênesis e outros textos bíblicos que relatam milagres sobrenaturais o fazem sem a intenção de oferecer explicações científicas para esses eventos. Traduzimos a Bíblia a partir do hebraico original, e nosso foco tem sido apresentar a harmonia entre essas duas esferas.[1]

Devemos ser como lanternas iluminadas, estrategicamente posicionadas para irradiar a luz da Palavra à sociedade. Atualmente, muitos de nós detêm uma voz ativa na comunidade, e é essencial que usemos esse poder para exercer influência construtiva e guiar a sociedade de volta aos princípios ensinados por Cristo.

A DIREITA CRISTÃ

Quando se fala em convergência da direita na política, é preciso deixar claro que hoje há um movimento de despertamento da chamada "direita cristã" em todo o mundo. O motivo principal, em sociedades fundamentadas na cultura judaico-cristã, está relacionado ao cansaço com as narrativas

---

[1] Para se aprofundar nesse tema, recomendo os meus livros *Ciência e espiritualidade* e *Ciência e fé*. Visite também o site *www.hayah.com.br*.

A Igreja do século XXI

da esquerda e as políticas públicas contrárias aos valores e princípios estabelecidos por Deus. É fundamental destacar que o movimento da direita cristã vai além de questões políticas, de tal modo que abrange também uma luta pelos valores e princípios fundamentais do cristianismo. À medida que a tendência se solidifica, é importante aprofundar nossa compreensão das questões políticas e das implicações dessas ideias na atualidade.

Em minha opinião, um dos eventos mais surpreendentes da última década em relação ao fortalecimento da direita cristã foi a ascensão de Donald Trump à presidência dos Estados Unidos, pois ocupou um espaço vago e encontrou uma plataforma para se comunicar com as massas, mesmo que suas abordagens fossem frequentemente ácidas e excessivas. Ele conseguiu conquistar a simpatia de cristãos de diversas orientações, devido a sua reação contrária a ideologias e narrativas de esquerda. Depois disso, surgiram outros líderes, como Jair Messias Bolsonaro, no Brasil, também resultado do crescimento da direita cristã.

O fato de ele chegar ao poder foi a fagulha necessária para o notável feito de unir e gerar coesão entre diversos grupos que anteriormente estavam fragmentados e até mesmo em conflito. Por meio de bandeiras importantes, ele conseguiu o apoio de uma base popular ampla e diversificada, que transcendia divisões socioeconômicas e culturais. Bolsonaro foi na contramão da esquerda e soube compreender e representar as demandas de justiça social e participação política efetiva, compartilhadas não apenas por cristãos evangélicos e católicos, principalmente, mas também por todos aqueles que defendiam ideais de direita e até então não se haviam unido de maneira tão abrangente e coesa em torno de uma liderança comum.

Ele alcançou notoriedade meio de eventos de grande envergadura, como as motociatas[2], e por sua presença em diversos encontros religiosos, algo incomum para um presidente brasileiro. A iniciativa de Bolsonaro em se aproximar da comunidade evangélica e participar de eventos religiosos fortaleceu a identificação entre a direita política e o público cristão, bem como estabeleceu uma ligação com esse segmento da sociedade.

Bolsonaro e Trump representam esse grupo, anteriormente anônimo, que transcende fronteiras geográficas. A constante polarização nos mostra que, se não assumirmos uma posição e não nos organizarmos, enfrentaremos consequências graves que abarcam não somente aspectos ligados à fé e à liberdade individual, inclusive a liberdade de culto, mas também valores e conceitos relacionados à família e à identidade pessoal.

> *Se não assumirmos uma posição e não nos organizarmos, enfrentaremos consequências graves.*

Embora o desdobramento dos cenários políticos futuros seja desconhecido, é certo que blocos se consolidaram. No presente,

---

[2] N. E.: uma motociata é um evento em que um grande grupo de motociclistas se reúne para percorrer juntos um determinado percurso em suas motos, muitas vezes como uma demonstração de apoio a uma causa ou figura pública.

A Igreja do século XXI

observamos uma clara divisão entre dois grandes polos: a esquerda e a direita. Essa dicotomia é notável não apenas nos Estados Unidos e no Brasil, mas também na Europa, especialmente em nações onde a direita ascendeu — como a Itália, com a Primeira-ministra Giorgia Meloni, e a Sérvia, com o Presidente Aleksander Vucic. Outros países também estão vivenciando esse despertar ideológico.

Acredito que, nas próximas décadas, experimentaremos, mais do que nunca, a intensificação dessas duas visões de mundo, tanto do ponto de vista ideológico, quanto político.

Capítulo 12
Desafios de hoje

A pandemia da COVID-19 foi um evento momento devastador que marcou a década de 2020 e gerou consequências profundas em todos os continentes. O isolamento resultou em danos incalculáveis para muitas esferas da sociedade, inclusive as comunidades religiosas. A Igreja perdeu membros, vivenciou luto, viu um enfraquecimento na fé e experimentou a carência de interações interpessoais, junto à ruptura de laços afetivos. Esses desafios coletivos geraram um impacto emocional e social de magnitude sem precedentes, particularmente afetou aquelas que não estavam prontas para adotar as plataformas digitais como única alternativa de comunicação.

Após o gradual restabelecimento da normalidade e a declaração oficial do término da pandemia, a Igreja perdeu muitos membros. Nos Estados Unidos, por exemplo, o tamanho médio das congregações diminuiu de 137 membros, em 2000, para 65, em 2020, de acordo com o estudo Faith Communities

Today. Para várias congregações, a adaptação do formato de culto virtual representou um desafio significativo. Projetos que normalmente demandariam anos para serem desenvolvidos tiveram de ser executados maneira apressadamente.

Depois da pandemia, o mundo todo vivencia um estado de incerteza e desgaste emocional, no qual indivíduos se sentem isolados e carentes, simultaneamente, mesmo que cercados de pessoas. É urgente que as comunidades evangélicas compreendam a complexa natureza desse cenário e busquem abordagens e estratégias de reabilitação. Por meio do poder do sacrifício de Jesus, a Igreja tem acesso ao bálsamo capaz de aliviar as dores e feridas de nossa sociedade. Portanto, é tempo de pensar em soluções que promovam a estabilidade emocional, o contato social e o fortalecimento da fé em meio às adversidades.

> *Depois da pandemia, o mundo todo vivencia um estado de incerteza e desgaste emocional.*

SUPERANDO BARREIRAS E ALCANÇANDO A NOVA GERAÇÃO

Conforme já expressei em capítulos anteriores, a sociedade contemporânea tem demonstrado uma tendência inquietante: a busca individualista e egocêntrica pela gratificação pessoal e sobrevivência. Palavras como sacrifício, devoção, propósito, missão e entrega parecem se afastar cada vez mais do vocabulário dos jovens, da nova geração de cristãos e até mesmo das plataformas de pregação. Diante desse panorama, é preciso

Desafios de hoje

que oremos por um avivamento espiritual capaz de romper essas barreiras.

A primeira barreira a ser quebrada é a inacessibilidade gerada pelo mundo virtual. As tecnologias avançadas e as novas formas de comunicação presentes nesse ambiente digital dificultam a tentativa de tocar o interior e a mente daqueles imersos nesse âmbito. É muito importante empregar as novas ferramentas tecnológicas como meios de disseminar a mensagem do Evangelho, construindo argumentos sólidos e convincentes, capazes de impactar os que perderam toda conexão espiritual com a vida e a realidade.

Dentro de um cenário tão complexo e exigente, almejamos uma intervenção divina profunda, um avivamento que possa alcançar essa nova faceta social. É essencial descobrirmos as linguagens e ferramentas apropriadas, bem como indivíduos habilidosos para transmitir o amor de Deus e incendiar um fervor pelas Boas Novas na emergente nova geração.

Avivamento não é meramente um anseio ou aspiração pessoal, mas envolve a necessidade de enfrentar os obstáculos e armadilhas do mundo pós-moderno. É crucial nos unirmos em oração e buscarmos a atuação do Espírito Santo, para que Ele possa renovar nossos pensamentos, revitalizar nossos sentimentos e capacitar a Igreja a cumprir seu propósito de irradiar a luz de Cristo em todas as esferas da sociedade.

Não podemos contentar-nos com uma vida cristã isolada das carências e dores que nos cercam. Precisamos abandonar a mentalidade que procura apenas o próprio prazer e sobrevivência para abraçarmos um estilo de vida marcado por

Sangue, suor e lágrimas

sacrifício, devoção e missão. Apenas assim seremos capazes de ser relevantes nessa geração e guiá-la a um encontro transformador com Deus.

Que esse clamor por avivamento alcance os ouvidos divinos e que o Senhor nos equipe para superar os percalços que enfrentamos em nossa jornada. Sei que Ele nos dará coragem e sabedoria para alcançarmos a nova geração com o poder do Evangelho e conduzir-nos a experimentar a plenitude e o significado que somente podem ser encontrados em Jesus.

Nossa convicção e esperança deve ser que as atuais circunstâncias negativas se convertam em estímulos para adquirirmos novos conhecimentos, desenvolvermos estratégias renovadas e, acima de tudo, prosseguirmos em uma busca incansável pela presença e potência divinas. É exclusivamente o amor, a graça e a misericórdia do Pai que têm o poder de impactar nações e inflamar corações com o fogo do Espírito Santo. Que o avivamento se faça presente!

No Brasil

Atualmente, o Corpo de Cristo detém uma significativa autoridade de orientação e impacto sobre as jovens gerações. De fato, o fenômeno das igrejas evangélicas é um dos mais proeminentes do momento no país. Sua influência é abrangente, abarca todas as esferas sociais, desde os estratos mais influentes até os mais desfavorecidos.

Segundo a Agência Estadual de Administração do Sistema Penitenciário (AGEPEN), a Igreja tem conseguido adentrar

Desafios de hoje

até mesmo os sistemas prisionais e levado amparo espiritual e apoio psicológico aos indivíduos à margem da sociedade. Esse empreendimento traz consigo a promessa de uma completa metamorfose do ser humano, não somente referente à sua reintegração social, mas também à redenção das amarras espirituais que o aprisionam. No presente, a influência do Evangelho é cada vez mais evidente como o fator transformador e reintegrador tanto dentro quanto fora dos presídios.

Esse fenômeno contribui de forma notável para a configuração sociocultural do país. As sementes lançadas décadas atrás agora estão sendo colhidas. É perceptível para todos que vivenciam esse momento da História o surgimento de um segmento distintivo do cristianismo brasileiro, tanto de vertente evangélica quanto católica, com foco especial na dimensão profética da política. A tendência engloba a defesa dos valores e princípios cristãos que outrora permaneciam subjacentes, como a promoção da vida, a oposição ao aborto e a exaltação do matrimônio enquanto instituição divinamente estabelecida, fundamentada nas leis naturais de procriação, entre um homem e uma mulher. Ademais, há uma busca incansável por justiça e integridade tanto no âmbito governamental quanto na esfera pública.

Constantemente, pessoas se manifestam nas ruas em busca de uma política livre de corrupção e justiça parcial. O povo deseja uma liderança que respeite as diferenças, mas que valorize os princípios bíblicos que formaram a sociedade ocidental. Afinal, o Brasil é um país catequizado pelo cristianismo desde a época da colonização, e 89% da população declara acreditar em Deus, de acordo com a pesquisa Ipsos de 2023. Essa influência cristã na população brasileira é profunda e perdura ao longo dos séculos.

Presença na mídia

O Brasil provavelmente é um dos países com a maior presença de televangelistas nas emissoras de transmissão aberta em todo o mundo. Em nosso país, existem dezenas de rádios e canais de televisão cristãos, tanto evangélicos quanto católicos, dedicados à pregação do Evangelho 24 horas por dia. Em praticamente qualquer país que se visite e sintonize a TV, é difícil encontrar tantos programas de evangelistas comparável ao que ocorre aqui. O que era impensável e até mesmo inaceitável

> *O povo deseja uma liderança que respeite as diferenças, mas que valorize os princípios bíblicos que formaram a sociedade ocidental.*

para alguns no começo desse século, tornou-se comum no dia a dia do brasileiro.

Com o advento da internet como estratégia de interconexão, surgiram oportunidades e um novo meio para a Igreja atingir as massas e dialogar diretamente com seu público-alvo por meio das redes sociais. Essa ferramenta deu voz à influenciadores evangélicos que têm milhares e até mesmo milhões de seguidores, como músicos e comunicadores que consolidaram sua influência e alcance por meio das plataformas digitais. Tudo isso se revela altamente proveitoso quando orientado para o avanço, o fortalecimento, o ensino e a difusão da mensagem de salvação.

Megaeventos

Para coroar esse cenário, surgiram os eventos de grande envergadura, conhecidos como megaeventos. Nos dias de hoje, o segmento evangélico se destaca como um dos mais competentes para mobilizar vastas audiências por todos os recantos do país, engendrando ocasiões de grandiosa magnitude, frequentemente independentes de aportes públicos. Um exemplo é o caso das Marchas para Jesus, congregações de milhões de evangélicos unidos em vários Estados. Adicionalmente, sobressaem-se os espetáculos monumentais em espaços públicos, orquestrados de maneira meticulosa por líderes eclesiásticos e grandes denominações, assim como as conferências e os congressos de proporções notáveis.

Recentemente, ouvi de uma importante figura política do Brasil que, nos tempos presentes, somente a igreja evangélica detém a habilidade de agrupar multidões nas ruas. Para a glória de Deus, toda a nossa efervescência tem gerado uma nova realidade de influência cultural no Brasil, na qual o Evangelho já não se confina às paredes eclesiásticas, mas ecoa pelas ruas e trava diálogos com a sociedade. Tais acontecimentos abraçam os valores cristãos e enaltecem sua relevância e o papel que desempenham na contemporaneidade.

Capítulo 13

A geração que vai mudar o mundo

Lamentavelmente, a Igreja, enquanto instituição, afastou-se de Cristo e contribuiu para a criação de uma sociedade orientada pelo humanismo e materialismo. Os seres humanos, por se julgarem poderosos e quase divinos, perderam sua direção e singularidade, foram cativados pelas seduções e facilidades mundanas. Quando o homem decide se desviar do verdadeiro foco — Jesus e a Palavra —, é certo que somente encontra trevas.

No entanto, tenho a firme convicção de que o Corpo de Cristo do século XXI provocará uma mudança no mundo mais uma vez, tal como o fez nos primórdios de sua história. Acredito que retornaremos à mesma unção — e até uma maior — que permeava a Igreja no livro de Atos. É plenamente viável vivenciarmos mais uma vez o poder e os milagres descritos no Novo Testamento. Contudo, para alcançar tal feito, é essencial que voltemos à nossa raiz, às bases fundamentais da Palavra.

Sangue, suor e lágrimas

A Bíblia é a revelação de Deus. Se um cristão ainda não experimentou as promessas nela contidas, é porque tal pessoa não buscou ao Senhor com a devida profundidade. Em vez de distorcer a verdade bíblica para adequá-la às suas fraquezas, é mais apropriado moldar suas fraquezas para alcançar a santidade pregada nas Escrituras. Um dia, eu já estive envolvido com o espiritismo, e tenho um passado obscuro de escravidão. Entretanto, tudo o que a Palavra afirmou se concretizou em minha vida, e sei que milhões de indivíduos partilharam dessa mesma experiência de redenção.

Respeite as Escrituras, pois a libertação concedida por Deus por meio do Seu livro é completa e abrangente para quem busca com fervor e anseia por ela. Compreendo que você possa carregar dúvidas e passar por momentos de crise, mas eu o encorajo a buscar um nível mais profundo de intimidade com o Senhor, a mergulhar ainda mais na Palavra, a dedicar mais tempo à oração e aos momentos devocionais. Tenho a certeza de que todos esses esforços transformarão a sua vida e o conduzirão a uma maior unção espiritual. Todas as dúvidas que assombram a sua mente se dissiparão, e você emergirá como uma pessoa renovada do mergulho na presença do Pai.

Ao se permitir mergulhar na mensagem da Bíblia e deixar que o Espírito Santo opere na sua vida, nada terá domínio sobre você: nem cigarro, nem drogas, nem bebidas, nem relações ilícitas. O poder divino se manifestará, preenchendo-o por completo.

Esse poder está ao nosso alcance. A decisão de viver uma vida plena e de lutar contra seus conflitos é apenas sua. Você é quem deve tomar a iniciativa de buscar libertação e santificação, ninguém pode fazê-lo no seu lugar!

O Apóstolo Paulo nos adverte, em Romanos 12.2, a não nos conformarmos com este mundo. Não devemos abraçar os padrões de vida terrenos, os quais se tornaram mais comuns do que deveriam no meio cristão, mas sim

A decisão de viver uma vida plena e de lutar contra seus conflitos é apenas sua.

retornar à nossa essência. O elemento verdadeiramente transformador em nossa jornada é a unção divina; portanto, precisamos nos cercar de proteção e orientação do Auxiliador. Paulo continua a passagem ao instigar uma metamorfose; todavia, essa mudança é uma colaboração entre nossa vontade e escolha, aliadas ao poder e influência do Espírito Santo operando em nós.

É dessa maneira que alcançamos a experiência da boa, agradável e perfeita vontade de Deus, como Paulo complementa. Não permita que coisas errôneas tenham espaço em sua vida, pois o Senhor o convocou para reformá-las. Modifique aquilo que não está correto em sua trajetória. O Senhor tem força para capacitá-lo nesse processo de transformação. Não se acomode com as trivialidades da existência, nem com as injustiças, desvirtudes e abusos.

Novos resultados surgem apenas quando tomamos atitudes diferentes. Como mencionei previamente, muitas pessoas falam sobre a esperança de um mundo melhor nesse cenário pós-pandemia. Entretanto, poucos efetivamente contribuem para transformar a realidade em algo melhor. Pelo contrário, mesmo em um período de comoção global, testemunhamos

Sangue, suor e lágrimas

um aumento de exemplos de egoísmo e individualismo. Se você, assim como eu, anseia por um mundo diferente e por uma sociedade mais justa, eu o convido a aceitar o chamado feito por Paulo para iniciar sua própria metamorfose. O apóstolo nos instrui a escrever nossa própria narrativa da realidade.

Caso você esteja imerso em um contexto de injustiça e desigualdade, é hora de se transformar. Não aceite essa realidade de forma passiva. Ao mudar a sua própria vida, inevitavelmente o seu entorno também é influenciado. Essa alteração começa no âmbito mental, no interior. Sua renovação se materializa quando a sua mentalidade é reformulada e, de forma intencional, a maneira como pensa é modificada. Um meio eficaz e inteligente de promover tal metamorfose mental é por meio da leitura de livros edificantes.

Reavalie a sua trajetória. Onde você busca as respostas para as grandes indagações que permeiam sua alma? A resposta a essa questão diz muito sobre o nível do seu crescimento. É importante se fazer as perguntas certas e procurar explicações no lugar adequado. À essa altura, você já deve ter percebido que esse lugar é a Palavra!

Reconsidere suas escolhas. As únicas âncoras indiscutíveis e invioláveis devem ser sua conexão com Deus, seus laços conjugais e familiares, e sua ligação com a Igreja. Essas esferas não devem ser questionadas. No entanto, as demais áreas requerem um processo de reavaliação, de modo a conduzi-lo às respostas que o impulsionarão a alcançar níveis mais elevados.

Estou convicto de que somos capazes de impactar a sociedade por intermédio do Evangelho. O que as pessoas precisam ouvir para serem transformadas é a revelação divina, a Bíblia. Mesmo em circunstâncias difíceis, o Espírito Santo tem o poder de revolucionar qualquer realidade, se essa for a Sua vontade.

Refugie-se cada vez mais no Senhor, adentrando nas profundezas de Sua essência e se permitindo ser moldado por Ele. Busque um conhecimento bíblico de qualidade, a Verdade está disponível a todos que a buscam. Além disso, engaje-se na construção de uma Igreja robusta e vitoriosa, capaz de vencer o pecado e de proclamar o domínio de Jesus sobre todas as vidas.

> *Refugie-se cada vez mais no Senhor, adentrando nas profundezas de Sua essência e se permitindo ser moldado por Ele.*

As emanações mencionadas neste livro operaram uma transformação significativa no mundo. A Bíblia serve como testemunho primordial desse processo de mudança, e a Igreja atua como um canal de Deus para influenciar a nossa geração. Esse movimento ainda não está concluído, e você faz parte dele. Junte-se àqueles que trabalham arduamente para estabelecer o Reino de verdade e justiça.

Que o Seu Reino venha e que a Sua vontade seja realizada!

Referências bibliográficas

APRESENTAÇÃO

As palavras de Churchill ajudaram na vitória dos aliados na Segunda Guerra? Publicado por *BBC* em 11/02/2018. Disponível em *https://www.bbc.com/portuguese/internacional-42997188*. Acesso em setembro de 2023.

DONNE, John. **The complete english poems**. New York: Everyman's Library, 1991.

ROOSEVELT, Theodore. Washington's Forgotten Maxim. **Proceedings of the United States Naval Institute**, Annapolis, v. 23, n. 3, julho de 1897. Disponível em *https://www.usni.org/magazines/proceedings/1897/july/washingtons-forgotten-maxim*. Acesso em setembro de 2023.

INTRODUÇÃO

GONZALEZ, Justo L. **História ilustrada do cristianismo.** Vida Nova: São Paulo, 2011.

CAPÍTULO 1

ARAG [6167]. *In*: DICIONÁRIO bíblico Strong. Barueri: Sociedade Bíblica do Brasil, 2002.

MAHONEY, Ralph; MILLER, Edward; SWINDOLL, Orville. **A história do avivamento na Argentina.** Publicado por *Revista Impacto* em 15/03/2015. Disponível em *https://revistaimpacto.com.br/avivamento-na-argentina-2/*. Acesso em agosto de 2023.

MILLER, Edward. **Secrets of the argentine revival.** Georgia: Peniel Outreach Ministeries, 1999. E-book.

CAPÍTULO 2

89% dos brasileiros acreditam em Deus ou em um poder maior, aponta pesquisa Ipsos. Publicado por *Ipsos* em 17/05/2023. Disponível em *https://www.ipsos.com/pt-br/89-dos-brasileiros-acreditam-em=-deus-ou-em-um-poder-maior-aponta-pesquisa-ipsos#:~:text-Aproximadamente%20nove%20em%20cada%20dez,%25)%20e%20Col%C3%B4mbia%20(86%25)*. Acesso em agosto de 2023.

Censo 2010: número de católicos cai e aumenta o de evangélicos, espíritas e sem religião. Publicado por *IBGE* em 29/06/2012. Disponível em: *https://agenciadenoticias.ibge.gov.br/agencia-sala-de-imprensa/2013-agencia-de-noticias/releases/14244-asi-censo-2010-numero-de-catolicos-cai-e-aumenta-o-de-evangelicos-espiritas-e-sem-religiao#:~:text=Os%20evang%C3%A9licos%20foram%20o%20segmento,1980%2C%206%2C6%25*. Acesso em agosto de 2023.

CAPÍTULO 3

BARTLEMAN, Frank. **Azusa street**. New Kensington: Whitaker House, 2000. E-book.

HALL, Franklin. **Atomic power with God, thru fasting and prayer.** 3. ed. Estford: Martino Fine Books, 2016.

HYATT, Eddie. **Fire on the Earth.** Lake Mary: Creation House, 2006.

KINNEAR, Angus. **The story of Watchman Nee**: against the tide. Wheaton: Tyndale House Publishers, 1978.

MILLER, Edward. **Secrets of the argentine revival.** Georgia: Peniel Outreach Ministeries, 1999. E-book.

RISS, R. M. **A survey of 20th-century revival movements in North America.** Peabody: Hendrickson Publishing, 1988.

CAPÍTULO 4

ADAM [120]. *In*: DICIONÁRIO bíblico Strong. Barueri: Sociedade Bíblica do Brasil, 2002.

ADAMAH [127]. *In*: DICIONÁRIO bíblico Strong. Barueri: Sociedade Bíblica do Brasil, 2002.

ARAG [6167]. *In*: DICIONÁRIO bíblico Strong. Barueri: Sociedade Bíblica do Brasil, 2002.

ASAH [6213]. *In*: DICIONÁRIO bíblico Strong. Barueri: Sociedade Bíblica do Brasil, 2002.

APH [639]. *In*: DICIONÁRIO bíblico Strong. Barueri: Sociedade Bíblica do Brasil, 2002.

BARA [1254]. *In*: DICIONÁRIO bíblico Strong. Barueri: Sociedade Bíblica do Brasil, 2002.

BOULENGER, Auguste. **Manual de apologética.** 2. ed. Porto: Apostolado da Imprensa, 1950.

CHAY [2416]. *In*: DICIONÁRIO bíblico Strong. Barueri: Sociedade Bíblica do Brasil, 2002.

DARWIN, Charles. **The origin of species**: by means of natural selection, or the preservation of favoured races in the struggle for life. London: John Murray, 1859.

Idem. **A origem das espécies.** Tradução de Daniel Moreira Miranda. São Paulo: Edipro, 2019.

DEMUTH [1823]. *In*: DICIONÁRIO bíblico Strong. Barueri: Sociedade Bíblica do Brasil, 2002.

ELOHIM [430]. *In*: DICIONÁRIO bíblico Strong. Barueri: Sociedade Bíblica do Brasil, 2002.

FAPESP. Revista Pesquisa, 2022. Fósseis humanos de 233 mil anos. Disponível em *https://revistapesquisa.fapesp.br/fosseis-humanos -de-233-mil-anos/#:~:text=Os%20mais%20antigos%20f%C3%B3s- seis%20j%C3%A1,na%20Eti%C3%B3pia%2C%20leste%20 da%20%C3%81frica*. Acesso em agosto de 2023.

GAN [01588]. *In*: DICIONÁRIO bíblico Strong. Barueri: Sociedade Bíblica do Brasil, 2002.

HENDGES, A. S. Ecodebate. A teoria dos campos mórficos do Biólogo Rupert Sheldrake. Disponível em *https://www.ecodebate. com.br/2011/03/14/a-teoria-dos-campos-morficos-do-biologo-rupert-sheldrake-artigo-de-antonio-silvio-hendges/*. Acesso em agosto de 2023.

Homem que viveu há 28 mil anos tinha rosto coberto por nódulos. Publicado por *Revista Galileu* em 02/04/2018 e atualizado em 02/04/2018. Disponível em: *https://revistagalileu.globo.com/Ciencia/ Arqueologia/noticia/2018/04/homem-que-viveu-ha-28-mil-anos-tinha-rosto-coberto-por-nodulos.html*. Acesso em agosto de 2023.

JOSEFO, Flávio. **História dos hebreus**: de Abraão à queda de Jerusalém. Tradução de Vicente Pedroso. 8. ed. Rio de Janeiro: CPAD, 2004.

Local onde Jesus teria multiplicado pães e peixes é achado no Mar da Galileia. Publicado por *G1* em 07/08/2017. Disponível em: *https://g1.globo.com/mundo/noticia/local-onde-jesus-teria-multiplicado-paes-e-peixes-e-achado-no-mar-da-galileia.ghtml*. Acesso em agosto de 2023.

NEFESH [5315]. *In*: DICIONÁRIO bíblico Strong. Barueri: Sociedade Bíblica do Brasil, 2002.

NESHAMAH [5397]. *In*: DICIONÁRIO bíblico Strong. Barueri: Sociedade Bíblica do Brasil, 2002.

Nicolau Copérnico (1473 - 1543). Publicado por *Unicentro* em 22/12/2015. Disponível em *https://www3.unicentro.br/petfisica/2015/12/22/nicolau-copernico-1473-1543/*. Acesso em agosto de 2023.

PINTO, Alefe Luís. **Pais da Igreja – volume I. Os pais apostólicos lançam os alicerces da moralidade cristã**: uma análise exaustiva dos escritos da Patrística. São José dos Campos: [*s. n.*], 2021. E-book.

SHELDRAKE, Rupert. **A new science of life**: the hypothesis of formative causation. London: Icon Books, 1981.

Stadler, T. D. Plínio, cartas, livro X: tradução das epístolas trocadas entre Plínio, o Jovem, e Trajano. **Prometheus - Journal of Philosophy**, São Cristóvão, v. 11, n.28, p. 12-97, agosto de 2018. Disponível em *https://periodicos.ufs.br/prometeus/article/view/9281*. Acesso em agosto de 2023.

RADAH [7287]. *In*: DICIONÁRIO bíblico Strong. Barueri: Sociedade Bíblica do Brasil, 2002.

SCHROEDER, Gerald. **Genesis and the Big Bang**: the discovery of harmony between modern science and the bible. 2. ed. New York: Bantam Books, 1991.

Idem. **O gênesis e o Big Bang**: a descoberta da harmonia entre a ciência moderna e a Bíblia. Vila São José: Cultrix, 1990.

Idem; RODOVALHO, Robson. **Bíblia científica**: Gênesis. Brasília: Sara Brasil Edições, 2017.

Idem. **Comentários científicos de Gênesis**. Brasília: Sara Brasil Edições, 2017.

TÁCITO, Cornélio. **Christians accused of incendiarism.** Publicado por *Perseus Digital Library*. Disponível em *http://www.perseus. tufts.edu/hopper/text?doc=urn:cts:latinLit:phi1351.phi005.perseus--eng1:15.44*. Acesso em agosto de 2023.

TSELA [6763]. *In*: DICIONÁRIO bíblico Strong. Barueri: Sociedade Bíblica do Brasil, 2002.

TSELEM [6755]. *In*: DICIONÁRIO bíblico Strong. Barueri: Sociedade Bíblica do Brasil, 2002.

WOODS, Thomas E. **Como a Igreja Católica construiu a civilização ocidental.** 10. ed. São Paulo: Quadrante, 2019.

YATSAR [3335]. *In*: DICIONÁRIO bíblico Strong. Barueri: Sociedade Bíblica do Brasil, 2002.

YHVH [3068]. *In*: DICIONÁRIO bíblico Strong. Barueri: Sociedade Bíblica do Brasil, 2002.

ZION, Ilan Ben. **Jewish 'stone age' factory from time of Jesus surfaces in Galilee.** Publicado por *The Times of Israel* em 24/08/2016. Disponível em *https://www.timesofisrael.com/jewish--stone-age-factory-from-time-of-jesus-surfaces-in-galilee/*. Acesso em agosto de 2023.

CAPÍTULO 5

BURKE, Tony. Nasscal, 2022. List of the apostles and disciples, by Pseudo-Hippolytus of Thebes. Disponível em *https://www.nasscal.com/e-clavis-christian-apocrypha/list-of-the-apostles-and-disciples-by--pseudo-hippolytus-of-thebes/*. Acesso em agosto de 2023.

CHADWICK, Henry. **The early Church**. London: Penguin Books, 1993.

GONZÁLEZ, Justo L. **The story of christianity**: the early church to the present day. 2. ed. San Francisco: HarperOne, 2010.

JOHNSON, Ken. **Ancient Church fathers**: what the disciples of the apostles taught. Scotts Valley: CreateSpace, 2010.

CAPÍTULO 6

CLEMENTE et al. **Pais apostólicos.** Tradução de Almiro Pisetta. São Paulo: Mundo Cristão, 2013. E-book.

DOKEÓ [1380]. *In*: DICIONÁRIO bíblico Strong. Barueri: Sociedade Bíblica do Brasil, 2002.

EUSÉBIO. **História Eclesiástica**: volume 15. Tradução do Mosteiro de Maria Mãe de Cristo. São Paulo: Paulus, 2000.

FÁVARO, A.; NÁPOLI, T. A.; LIMA, R. A Paixão de Santa Perpétua e Santa Felicidade: tradução anotada. **Rónai – Revista de Estudos Clássicos e Tradutórios**, [*S. l.*], v. 7, n. 2, p. 37–68, dezembro de 2019. Disponível em *https://periodicos.ufjf.br/index.php/ronai/article/view/27704*. Acesso em agosto de 2023.

MÁRTIR, Justino. **Apologias de Justino Mártir.** Tradução de Paulo Matheus de Souza. Porto Alegre: Repositório Cristão, 2022. E-book.

Idem. **Diálogo de Justino com Trifão.** Tradução de Paulo Matheus de Souza. Porto Alegre: Repositório Cristão, 2022. E-book.

PLÉRÓMA [4138]. *In:* DICIONÁRIO bíblico Strong. Barueri: Sociedade Bíblica do Brasil, 2002.

Stadler, T. D. Plínio, cartas, livro X: tradução das epístolas trocadas entre Plínio, o Jovem, e Trajano. **Prometheus - Journal of Philosophy**, São Cristóvão, v. 11, n.28, p. 12-97, agosto de 2018. Disponível em *https://periodicos.ufs.br/prometeus/article/view/9281*. Acesso em agosto de 2023.

CAPÍTULO 7

AGOSTINHO, Aurélio. **A cidade de Deus**: contra os pagãos, parte 1. 14. ed. Tradução de Oscar Paes Leme. Petrópolis: Vozes, 2013.

Idem. **A cidade de Deus**: contra os pagãos, parte 2. 8. ed. Tradução de Oscar Paes Leme. Petrópolis: Vozes, 2013.

Idem. **Confissões.** Jandira: Principis, 2019.

AQUINO, Tomás. **Summa Theologiae**. Venezia: [*s. n.*], 1596.

Idem. **Suma teológica.** Tradução de Isabelly Roquim. [*S. l.*]: Roquim, 2021.

ATENÁGORAS. **Embassy for the chistians**: the resurrection of the dead. Tradução de Joseph Hugh Chehan. New York: Paulist Press, 1955.

EUSÉBIO. **História eclesiástica.** 26. ed. Rio de Janeiro: CPAD, 1999.

LYON, Irineu de. **Contra as heresias**: renúncia e refutação da falsa gnose. Tradução de Luiz Alberto de Boni. 2. ed. Rio de Janeiro: Paulus Editora, 1995.

MÁRTIR, Justino. **Apologias de Justino Mártir.** Tradução de Paulo Matheus de Souza. Porto Alegre: Repositório Cristão, 2022. E-book.

ORÍGENES. **Contra Celsum**: libri VIII. Leiden: Brill, 2001.

Idem. **Contra Celso**. Rio de Janeiro: Paulus, 2014.

Papias de Hierápolis: fragmentos restantes de suas obras. Publicado por *Veritatis Splendor* em 04/05/2012. Disponível em *https:// www.veritatis.com.br/fragmentos-das-obras-de-papias-de-hierapolis/*. Acesso em setembro de 2023.

POLICARPO. **Carta de São Policarpo aos filipenses**. [*S. l.*]: Editora Família Católica, 2018. E-book.

ROMA, Clemente. **Primeira carta de Clemente aos coríntios.** Tradução de Paulo Matheus de Souza. Porto Alegre: Repositório Cristão, 2022. E-book.

SHELLEY, Bruce. **História do cristianismo**: uma obra completa e atual sobre a trajetória da igreja cristã desde as origens até o século XXI. Tradução de Giuliana Niedhardt. São Paulo: Thomas Nelson Brasil, 2018. E-book.

TERTULIANO. **Apologético**: o pálio. Tradução de Luís Carlos Lima Carpinetti. São Paulo: Paulus, 2021.

CAPÍTULO 8

ARMSTRONG, Karen. **Muhammad**: a biography of the prophet. New York: HarperCollins Publishers, 1992.

Idem. **Maomé**: uma biografia do profeta. Tradução de Andréia Guerini, Fabiano Seixas Fernandes e Walter Carlos Costa. São Paulo: Companhia das Letras, 2002.

BRUCE. F. F. **O cânon das Escrituras**. Tradução de Carlos Osvaldo Pinto. São Paulo: Hagnos, 2011.

ERASMO, Roterdã. *Novum Instrumentum omne.* [*S. l.*: *s. n.*], 1516.

GONZÁLEZ, Justo L. **Uma história do pensamento cristão**: dos primórdios ao concílio de Calcedônia. Tradução de Paulo Arantes. São Paulo: Cultura Cristã, 2004.

Idem. **Uma história do pensamento cristão**: de Agostinho às vésperas da Reforma. Tradução de Vanuza Helena Freire de Mattos. São Paulo: Cultura Cristã, 2004.

ISHAQ, Ibne. **The life of Muhammad.** Tradução de A. Guillaume. 7. ed. Oxford: Oxford University Press, 2004.

MARAVAL, Pierre. **Jerônimo**: tradutor da Bíblia. Tradução de Mariana N. Ribeiro Echalar. 3. ed. São Paulo: Paulinas, 2006.

CAPÍTULO 9

CASPAR, Max. **Kepler.** 2. ed. New York: Dover Publications, 1993.

DRAKE, Harold. **Constantine and the bishops**: the politics of intolerance. Baltimore: Hopkins University Press, 2000.

LEITHART, Peter. **Defending Constantine**: the twilight of an empire and the dawn of christendom. Westmont: InterVarsity Press, 2010. E-book.

REPCHECK, Jack. **El secreto de Copérnico.** Barcelona: Editorial Ariel, 2009.

Idem. **O segredo de Copérnico.** Tradução de J. R. Souza. Rio de Janeiro: Record, 2011.

SILVA, Diogo. As abordagens historiográficas sobre Constantino I (306-337): uma revisão. **Revista Dimensões**, Rio de Janeiro, v. 25, n. 25, p. 32-45, 2010.

CAPÍTULO 10

Ancient jewish coin of Herod Agrippa I. Publicado por *Zak's Antiquities* em 21/02/2021. Disponível em *https://zaksantiquities.com/herod-agrippa-coin/*. Acesso em setembro de 2023.

ARMSTRONG, Karen. **The Bible**: the biography. Bloomsbury: Atlantic Books, 2007.

Idem. **A Bíblia**: uma biografia. Tradução de Maria Luiza Borges. Rio de Janeiro: Zahar, 2007.

BABULÓN [897]. *In*: DICIONÁRIO bíblico Strong. Barueri: Sociedade Bíblica do Brasil, 2002.

CALVINO, João. **Institutio christianae religionis.** Genevae: Oliua Roberti Stephani, 1555.

Idem. **Institutas da religião cristã.** Tradução de Rev. Valter Graciano Martins. São José dos Campos: Fiel, 2018.

Cientistas encontram Betsaida, cidade onde Jesus teria andado sobre as águas. Publicado por *Metro World News* em 21/09/2020. Disponível em *https://www.metroworldnews.com.br/estilo-vida/2020/09/21/cientistas-encontram-betsaida-cidade-onde-jesus-teria-andado-sobre-aguas.html.* Acesso em setembro de 2023.

DARWIN, Charles. **The origin of species**: by means of natural selection, or the preservation of favoured races in the struggle for life. London: John Murray, 1859.

Idem. **A origem das espécies.** Tradução de Daniel Moreira Miranda. São Paulo: Edipro, 2019.

Manuscritos do Mar Morto ainda guardam mistérios, 70 anos depois. Publicado por *Jornal da USP* em 02/10/2017. Disponível em *https://jornal.usp.br/cultura/manuscritos-do-mar-morto-ainda-guardam-misterios-70-anos-depois/.* Acesso em setembro de 2023.

NESHAMAH [5397]. *In*: DICIONÁRIO bíblico Strong. Barueri: Sociedade Bíblica do Brasil, 2002.

NEWTON, Isaac. **Observations upon the prophecies of Daniel, and the Apocalypse of St. John.** [*S. l*]: Legare Street Press, 2021.

Idem. **As profecias do Apocalipse e o livro de Daniel**: as raízes do código da Bíblia. Tradução de Ana Lucia Franco e Carlos Salum. São Paulo: Pensamento, 2011.

RODOVALHO, Robson. **Propósito e felicidade:** abrace seu propósito de vida. Brasília: Sara Brasil Edições, 2019.

Sou um milagre. Compositor: Carlos A. Moysés. [*S. l.*]: Voz da Verdade, 1998.

WARD, M. A. **Robert Elsmere.** Whitefish: Kessinger Publishing, 1888.

WOODS, Thomas E. **Como a Igreja Católica construiu a civilização ocidental.** 10. ed. São Paulo: Quadrante, 2019.

WOOLLEY, Leonard. **Excavations at Ur**: a record of twelve years work. New York: Kegan Paul, 2006.

CAPÍTULO 11

LEMBKE, Anna. **Nação dopamina**: por que o excesso de prazer está nos deixando infelizes e o que podemos fazer para mudar. Tradução de Elisa Nazarian. Belo Horizonte: Vestígio Editora, 2022.

Registros na Receita Federal ajudam a mapear expansão evangélica no país. Publicado por *Revista Pesquisa* em 17/08/2023. Disponível em *https://revistapesquisa.fapesp.br/registros-na-receita-federal-ajudam-a-mapear-expansao-evangelica-no-pais/*. Acesso em setembro de 2023.

RODOVALHO, Robson. **Bíblia científica**: Gênesis. Brasília: Sara Brasil Edições, 2017.

Idem. **Ciência e espiritualidade:** contradição ou complementação. Rio de Janeiro: LeYa, 2013.

Idem. **Ciência e fé:** o reencontro pela física quântica. Rio de Janeiro: LeYa, 2013.

CAPÍTULO 12

89% dos brasileiros acreditam em Deus ou em um poder maior, aponta pesquisa Ipsos. Publicado por *Ipsos* em 17/05/2023. Disponível em *https://www.ipsos.com/pt-br/89-dos-brasileiros-acreditam-em-deus-ou-em-um-poder-maior-aponta-pesquisa-ipsos#:~:text-Aproximadamente%20nove%20em%20cada%20dez,%25)%20e%20Col%C3%B4mbia%20(86%25)*. Acesso em agosto de 2023.

Agepen, 2019. Assistência religiosa contribui para o processo de ressocialização de detentos em MS. Disponível em *https://www.agepen.ms.gov.br/assistencia-religiosa-contribui-para-o-processo-de-ressocializacao-de-detentos-em-ms/*. Acesso em agosto de 2023.

LOUBAK, Ana Letícia. **Igreja online**: da resistência à adesão massiva. Publicado por *InChurch* em 10/12/2020. Disponível em *https://inchurch.com.br/blog/igreja-online-da-resistencia-a-adesao-massiva/*. Acesso em agosto de 2023.

More americans stay away from church as pandemic nears year three. Publicado por *National Catholic Reporter* em 16/09/2022. Disponível em *https://www.ncronline.org/news/more-americans-stay-away-church-pandemic-nears-year-three*. Acesso em setembro de 2023.

Este livro foi produzido em Adobe Garamond Pro 12 e
impresso pela Gráfica Ipsis sobre papel FSC Polen Bold 70g
para a Editora Quatro Ventos em setembro de 2023.